Astrologie

Le manuel indispensable pour décrypter son thème astral

DANS LA MÊME COLLECTION

Le Livre des Esprits, Allan Kardec, janvier 2022

Ouvrage dirigé par Valérie de Sahb
Graphisme de couverture : Ariane Galateau
Lecture et correction : Valérie Gios
Visuel de couverture : © Shutterstock

Collection Poche dirigée par Franck Spengler

34-36, rue La Pérouse,
75116 Paris
www.hugoetcie.fr

ISBN : 9782755693324
Dépôt légal : janvier 2022
Imprimé à Barcelone par CPI Blackprint

CHRIS SEMET

Astrologie

Le manuel indispensable pour décrypter son thème astral

Hugo Poche

ÉSOTÉRISME

SOMMAIRE

INTRODUCTION

S'initier à l'astrologie peut paraître fastidieux et compliqué. Or, il n'en est rien. Cette discipline qui répond à des codes et des données est avant tout l'art de bien interpréter les diverses « influences » célestes. Ainsi, si vous réussissez à maîtriser le langage et donc le vocabulaire des « astres », vous ne devriez avoir aucun problème à vous lancer dans « la lecture » d'un thème astral.

Dans cet ouvrage, je propose de vous initier à l'astrologie afin d'en comprendre le fonctionnement et de parvenir à décrypter votre carte du ciel.
Au fil des chapitres, vous aurez tous les outils en main pour interpréter vous-même les influences des planètes sur votre existence.
Rapidement, vous saurez mieux déterminer vos atouts et mieux identifier vos points faibles. Vous lèverez le voile sur les grandes tendances et les grandes lignes de votre destinée.

L'astrologie deviendra votre alliée pour mieux vous comprendre ou mieux comprendre les personnes qui vous entourent. L'étude d'un thème astral n'aura bientôt plus de secrets pour vous.

Dans ce livre, je vais vous guider étape par étape et en douceur pour vous donner les clés qui vous permettront d'interpréter et de décrypter votre carte du ciel ou celle de vos proches.

Les prévisions par l'étude des transits planétaires, quant à elles, feront l'objet d'un autre ouvrage qui leur sera entièrement dédié.

LES INDISPENSABLES DU BON ASTROLOGUE

Le temps où les astrologues dressaient les thèmes astraux à la main est révolu. De nos jours, les logiciels et les diverses applications offrent une aide rapide et précise à l'édification d'une carte du ciel.
Voici quelques outils de référence selon les supports utilisés.

Tablettes et téléphones

Apple : **iPhemeris** (cartes natales, cartes des transits, progressions, repositionnement, révolution solaire, synastrie, éphémérides de 1700 à 2099 et la possibilité de personnaliser chaque élément).

Android : **Astrology Ephemeris Pro** (éphémérides planétaires) / **Astrodox** ou **Astroworx** (édification des thèmes astraux).

Ordinateurs

Apple : Astroquick.
Windows : Auréas.

Pour les courageux qui désirent faire les cartes à la main

The complet ephemerides (planètes et astéroïdes) de 1930 à 2030 ou *The concise planetary Ephemeris* 1900-1950 / 1950-2000 / 2001-2100.
La Table des maisons (*tables of houses*).

TABLEAUX DES FONCTIONS ET CORRESPONDANCES ASTROLOGIQUES

Avant de vous lancer dans l'étude d'un thème, il est important de connaître les principes et les mots-clés qui vous permettent d'accéder rapidement au premier décryptage d'une carte du ciel.

ÉLÉMENTS	Signes	Caractéristiques
Feu	Bélier, Lion, Sagittaire	Dynamisme, impulsivité, volonté, force, extraversion, goût du risque.
Terre	Taureau, Vierge, Capricorne	Calme, réserve, détermination, ténacité, réflexion, analyse.
Air	Gémeaux, Balance, Verseau	Ouverture d'esprit, curiosité, désir d'indépendance, inconstance, légèreté.
Eau	Cancer, Scorpion, Poissons	Sensibilité, émotivité, nostalgie, réceptivité, attachement au passé et aux habitudes.

MODE	Signes	Caractéristiques
Cardinal	Bélier, Cancer, Balance, Capricorne	Signes ouvrant les saisons. Commencement, nouveauté, jeune incarnation.

Fixe	Taureau, Lion, Scorpion, Verseau	Apogée des saisons. Continuité, élévation, concrétisation, persévérance. Âme en apprentissage.
Mutable	Gémeaux, Vierge, Sagittaire, Poissons	Fin des saisons. Fin d'un cycle ou d'une époque, aboutissement, transition, changements, vieille âme.

GENRE	Signes	Caractéristiques
Masculin	Bélier, Gémeaux, Lion, Balance, Sagittaire, Verseau	Extraverti, sociable, communicatif, vif, indépendant, optimiste, multiplication des activités ou des loisirs.
Féminin	Taureau, Cancer, Vierge, Scorpion, Capricorne, Poissons	Introverti, réservé, timide, posé, secret, mystérieux, émotif, sensible, observateur, patient, introspectif.

SIGNES	Symboles	Caractéristiques
Bélier	♈	Impulsivité, esprit d'entreprise, combativité, passion, colère, violence.
Taureau	♉	Ancrage, réflexion, calme, volonté, détermination, douceur, amabilité, sensualité.

Gémeaux	♊	Adaptabilité, polyvalence, extraversion, spontanéité, indolence, légèreté, duplicité.
Cancer	♋	Imagination, sensibilité, résistance, attention, prévenance, changement d'humeur.
Lion	♌	Volonté, générosité de cœur, ambition, désir de réussite, égocentrisme ou égoïsme.
Vierge	♍	Raisonné, appliqué, méthodique, prudent, réflexion, analyse, cérébralité, froideur.
Balance	♎	Amabilité, douceur, romantisme, indécision, soif de justice, quête d'équilibre.
Scorpion	♏	Vif, piquant, irascibilité, intuition, capacité de remise en question, profondeur d'esprit, passion.
Sagittaire	♐	Rapidité, esprit d'entreprise, indépendance, quête de nouveauté, besoin de bouger, curiosité, impulsivité, impétuosité.

Capricorne	♑ ou ♑	Introversion, froideur, manque de communication, solidité, résistance, détermination, volonté, curiosité.
Verseau	♒	Indépendance, soif de liberté, désir de sortir des sentiers battus, esprit novateur, visionnaire.
Poissons	♓	Hypersensibilité ou émotivité, adaptabilité, fuite des réalités, empathie, philanthropie.

PLANÈTES	Symboles	Caractéristiques
Lune	☽	Émotions, intuitions, imagination, créativité, rêves, foyer, féminité, mère.
Soleil	☉	Action, esprit de synthèse, travail, réussite, père ou partenaire.
Mercure	☿	Communication, rapidité, habilité, démarches, déplacements, argent, frère(s), ami(s) ou collaborateur(s), études.
Vénus	♀	Amour, séduction, plaisir, bien-être, douceur, créativité, féminité, sœur, compagne, collaboratrice.

Mars	♂	Action, luttes, dépassement, réactivité, impulsivité, colère, travail, amant, compagnon.
Jupiter	♃	Évolution, quête, déplacements, voyages, légalisation, excès, séduction, réussite, spiritualité, magnétisme.
Saturne	♄	Retards, obstacles, épreuves, renoncement, structuration, consolidation, ancrage, travail, maîtrise, « accouchement », révélation.
Uranus	♅	Libération, évolution, modification, nouveauté, rébellion, rejet, marginalisation, crises, tensions, réorientation, accidents, clairvoyance.
Neptune	♆	Intuition, empathie, inspiration, spiritualité, adaptabilité, désir « d'horizons lointains », flou, perte de repères, déceptions, illusions.
Pluton	♇	Changements, transformations, transition, remises en question, magnétisme, pouvoir, sex-appeal, argent, ressources ou « dons ».

ASTÉROÏDES / POINTS FICTIFS	Symboles	Caractéristiques
Chiron	⚷	Apprendre et transmettre, réguler, équilibrer, travail en profondeur, conciliation, sacrifice, souffrances, conflits, tensions.
Junon	⚵	S'engager, s'unir, créer, stabiliser, officialiser, endurer, légitimer, violence, instabilité, jalousie.
Cérès	⚳	Équilibrer, affronter, faire des compromis, travailler, refuser une situation, gestation, mises au point, attente, récolte, abondance.
Lune noire moyenne	⚸	Franchise, s'engager, se marginaliser, se différencier, refuser, se révolter, dénoncer, trancher, couper, démasquer.
Nœud Sud	☊	Bagages passés, acquis, travail à faire, nœud à défaire, obstacles.
Nœud Nord	☋	Facultés ou atouts à développer dans l'avenir, direction de vie, solutions, résolution d'un problème.

MAISONS	Domaines
I	Second potentiel d'un natif, atouts et faiblesses, première perception de l'extérieur du sujet, vitalité, santé, aspirations ou attentes dans l'existence, grandes lignes de vie.
II	Possessions, argent, ressources, travail, manière de gagner ou de dépenser.
III	Les autres, frères ou sœurs, déplacements, démarches, études, collaborateurs.
IV	Foyer, lieu de vie, famille, mère, fin de vie, facultés innées.
V	Loisirs, amours, enfants, capacités exploitées.
VI	Quotidien, vitalité, travail, santé, animaux de compagnie.
VII	Les autres, le ou la partenaire, associations, collaborateurs, procès, signatures de contrat.
VIII	Remises en question, grands changements, opportunités, carrefours, deuils, accidents, renoncements, capacités non exploitées.
IX	Déplacements, étranger, dépassement de soi, spiritualité, études supérieures.
X	Profession, vocation, vie sociale, reconnaissance dans son activité, aboutissement des projets, réalisation personnelle.

XI	Amis, relations, aides et soutiens, aspirations, expression de l'intuition, patientèle ou clientèle, voire public.
XII	Épreuves, difficultés, hospitalisations, enfermement, solitude, vacances, breaks, facultés innées à travailler.

ASPECT NEUTRE	Symbole	Caractéristiques
Conjonction (0° à 8°)	☌	Association de deux ou plusieurs valeurs planétaires qui peuvent être complémentaires, bénéfiques ou source de confusions et de tensions lorsqu'elle est en carré et/ou en opposition. Offre des capacités ou des blocages.

ASPECTS POSITIFS	Symbole	Caractéristiques
Sextile (60°)	✱	Travail d'équipe entre deux planètes. Donne atouts, lucidité et volonté, capacités à travailler.
Trigone (120°)	△	Positif, aspect de facilités, de chances, d'épanouissement et d'aptitudes innées.
Quinconce (150°)	⚻	Aspect de résolutions d'une problématique, de prise de conscience, d'un cadeau.

ASPECTS NÉGATIFS	Symbole	Caractéristiques
Carré (90°)	□	Tensions, conflits, rébellions, dépassement de soi, obstacles, prises de risques, mauvaises expériences.
Opposition (180°)	☍	Blocages, peurs ou limites demandant un travail, octroie les mêmes aptitudes que la conjonction.

I - LES 12 PORTRAITS DES SIGNES DU ZODIAQUE

Présentation graphique du zodiaque

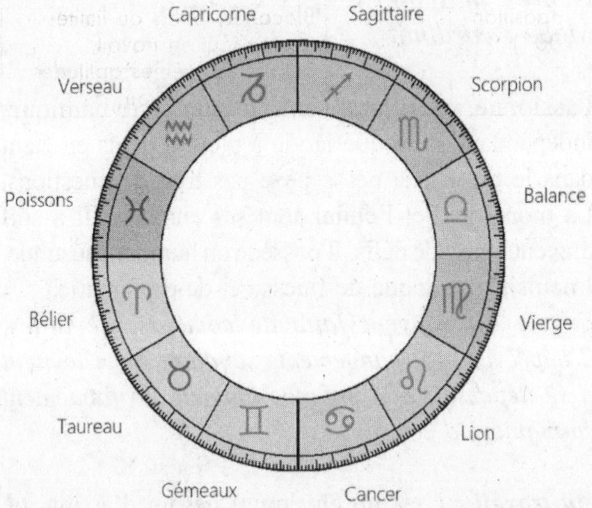

Les portraits qui suivent doivent être affinés en fonction de la composition du thème astral.

Bélier ♈

(20 ou 21 mars – 19 ou 20 avril)
0° à 30° du zodiaque
Signe de Feu
Gouverné par Mars
Genre : masculin
Mode : cardinal

Passionné, pétillant, entreprenant, dynamique, indépendant, il croque la vie à pleines dents en étant dans le présent et ne se pose pas trop de questions. La monotonie et l'ennui sont ses ennemis. Il a soif d'aventures et de défis. Il possède un humour caustique. Impulsif, il manque de finesse et de diplomatie.
Sa vie est souvent faite de combats, de luttes, d'imprévus, de changements soudains qui l'invitent à se dépasser. Son enfance impacte profondément sa manière d'être.

Au travail : c'est un être qui a besoin d'action, de nouveauté et de challenges. Travailler sans intérêt et sans passion, ce n'est pas pour lui. Il aime se faire remarquer. Évoluant aux coups de tête, la prise de risques et les erreurs font partie de son quotidien. Se positionnant en *leader*, ses relations avec sa hiérarchie sont compliquées.

Orientation : le sport, le commerce, le marketing, les postes de direction, une profession libérale, la publicité…

En amour : il a besoin de passion. Les habitudes, la routine ne sont pas pour lui. Il doit se sentir vivre et vibrer au contact de l'être aimé. Indépendant, il se reconnaît plus dans une union libre. Sa vie amoureuse est souvent accidentée et faite de plusieurs histoires.

Ses points faibles : la tête, le front, les yeux, le visage, le nez, le cerveau.

Taureau ♉

(19 ou 20 avril – 20 ou 21 mai)
30° à 60° du zodiaque
Signe de Terre
Gouverné par Vénus et la Lune
Genre : féminin
Mode : fixe

D'une grande prudence, il est réfléchi, sérieux, concret, terre à terre et posé. C'est un signe résistant et déterminé. Aimant la clarté, il fuit les situations ambiguës. Il est en quête de stabilité. Sous ses airs sûr de lui, il cache une grande sensibilité. C'est un être timide, doux, agréable, charmant, sociable et épicurien. *Son évolution est lente et il avance étape par étape, quel que soit le domaine. Le temps est son allié.*

Au travail : grand professionnel, les responsabilités l'attirent. Il possède un bon sens pratique, un esprit cartésien, une grande régularité et une ténacité à toute épreuve. Il sait se donner les moyens de réussir et sa carrière a une grande importance à ses yeux.

Orientation : la gestion, la finance, l'immobilier, l'architecture, la gastronomie, l'orthophonie, le prêt-à-porter, la musique, l'art, l'agriculture, la viticulture, l'horticulture.

En amour : il aspire à vivre une belle et longue histoire, ce qui ne l'empêche pas d'expérimenter l'amour en multipliant les aventures avant de se stabiliser et d'être fidèle. C'est un signe qui a besoin d'être aimé et d'aimer. C'est également un séducteur qui s'ignore. Sauf s'il a un blocage, sa finalité est d'être en couple.

Ses points faibles : les oreilles, le cou, les cervicales, la langue, les cordes vocales.

Gémeaux ♊

(20 ou 21 mai – 21 juin)
60° à 90° du zodiaque
Signe d'Air
Gouverné par Mercure
Genre : masculin
Mode : mutable

Bien que cérébral, il essaie de prendre la vie comme elle vient avec légèreté. C'est un être sociable,

communicatif, doux et sympathique. Il est rapide, vif et caustique. Curieux, il a besoin d'élargir ses horizons et sa culture. Adaptable, il sait se mettre au diapason des personnes qu'il côtoie. Inconstant, il change facilement d'avis et d'humeur. Éternel adolescent, il s'émerveille de tout.
Le destin d'un Gémeaux est essentiellement rythmé par les rencontres, les échanges, les divertissements et les loisirs.

Au travail : polyvalent, personne n'a son pareil pour passer d'une tâche à une autre. Dynamique, il ne conçoit pas son activité sans diversité ou mouvement et fuit l'ennui. Cela le fait passer pour un éternel insatisfait. Son rythme de travail fluctue en fonction de ses états d'âme. Opportuniste, il sait saisir sa chance.

Orientation : les ressources humaines, le commerce, la publicité, le marketing, le tourisme, la science, le médical ou paramédical, la recherche, le journalisme, l'écriture, l'audiovisuel, l'enseignement, la psychologie…

En amour : c'est un signe qui est extrêmement sensible aux mots, aux gestes et aux comportements de l'autre. À deux, il a besoin d'échanges, et ce, même s'il ne se dévoile pas facilement. Avant de s'engager, il papillonne et flirte. L'amitié amoureuse ou l'amour platonique est souvent son « truc ».

Ses points faibles : les épaules, les bras, les poignets, les mains, le système nerveux, les poumons.

Cancer ♋

(21 juin – 22 ou 23 juillet)
90° à 120° du zodiaque
Signe d'Eau
Gouverné par la Lune et la Lune noire moyenne
Genre : féminin
Mode : cardinal

Ce signe possède une grande imagination. Il est émotif, créatif et original. Très attaché à sa famille, à ses racines et à son passé, c'est un conservateur. Les habitudes, les « rituels » le rassurent et calment ses angoisses ou ses peurs. Doux, affectueux, sensible et attachant, c'est un rêveur qui a du mal à garder les pieds sur terre. Ne quittant jamais vraiment le monde de l'enfance, il peut être « puéril » et capricieux.
Son parcours de vie est plutôt conventionnel et son évolution dépend plus du hasard ou de l'influence de personnes extérieures que de sa propre volonté.

Au travail : il peut autant se laisser porter par les événements que fournir un effort constant et s'impliquer. Sa volonté dépend essentiellement de l'environnement dans lequel il évolue. Dans un cadre rassurant, équilibrant et structuré, il sera performant.

Angoissé, les remises en question et les imprévus le déstabilisent.

Orientation : l'administration, l'éducation, l'archéologie, l'univers de l'enfance (pédiatrie, aide maternelle…), la psychologie, le social, l'astrologie, la numérologie, la cartomancie, la coiffure, la décoration d'intérieur, la photographie, le cinéma, la télévision, le graphisme, l'hôtellerie, la restauration.

En amour : c'est un signe qui aspire à la stabilité, l'équilibre et l'harmonie. Il est en quête de douceur et rêve de fonder un couple solide. Son épanouissement passe inévitablement par le mariage et la construction d'une famille.

Ses points faibles : l'estomac, l'œsophage, les bronches, le foie, le système hormonal.

Lion ♌

(22 ou 23 juillet – 22 ou 23 août)

120° à 150° du zodiaque

Signe de Feu

Gouverné par le Soleil

Genre : masculin

Mode : fixe

Mû par l'élément Feu, ce signe est dynamique, volontaire, rapide, intrépide, vif et passionné. Il aime briller

en société ou dans sa sphère privée. Ne faisant rien sans conviction, il a besoin de se fixer des objectifs. Son quotidien est rythmé par ses multiples activités. Curieux, il a soif de savoir. Ambitieux, il se donne tous les moyens de réussir. Ne supportant ni la médiocrité, ni l'hypocrisie, ni le mensonge et l'échec, il est franc, honnête, loyal et ambitieux. C'est un bon chat qui retombe toujours sur ses pattes.
À son image, son existence est ornée de pépites qu'il transforme en éclats et de fabuleux moments. Il est toujours en évolution.

Au travail : c'est un signe qui a à cœur de réussir ce qu'il entreprend et qui se donne les moyens d'atteindre des objectifs. Si son activité lui plaît, il s'investit totalement. Avoir des responsabilités, gérer des crises, trouver des solutions lui plaît. Il a l'âme d'un dirigeant et aspire à des postes importants. Sa carrière est toujours évolutive.

Orientation : une carrière militaire, les postes à responsabilités ou de direction (DG, chef d'entreprise…), les professions libérales en général (médecin, avocat, psychologue…), l'art (théâtre, cinéma…), le stylisme, la décoration, le commerce de luxe, la publicité, les affaires, l'enseignement, la télévision…

En amour : le Lion aime plaire. Séduire est sa seconde nature. Pour aimer, il a besoin d'être fasciné ou qu'on l'admire. Exigeant, il préfère être seul que mal accompagné. Pour lui, le désir, la sensualité, le charnel sont les ciments d'une relation. Lorsqu'il aime, il donne tout et se montre d'une grande fidélité de cœur. La famille est la concrétisation du couple.

Ses points faibles : le cœur, la colonne vertébrale, les yeux, la vésicule biliaire, le pancréas.

Vierge ♍

(22 ou 23 août – 22 ou 23 septembre)
150° à 180° du zodiaque
Signe de Terre
Gouverné par Mercure et Cérès
Genre : féminin
Mode : mutable

Ayant un grand sens du devoir, ce signe est d'une nature calme, posée, timide et introvertie. Trop dans l'analyse, il manque de spontanéité. Perfectionniste dans l'âme, la Vierge est appliquée et méthodique. Observatrice, rien ne peut lui échapper. Son grand défaut est son manque de confiance et son tempérament anxieux. Ayant peur d'être déçue, elle est méfiante dans ses relations avec les autres.
À moins d'avoir des éléments dans son thème qui fassent basculer le natif du côté de la « Vierge folle ou libérée », celui-ci a une vie bien rangée et d'une grande cohérence.

Au travail : grand professionnel, ce signe est logique, efficace, sérieux, consciencieux, organisé, prévoyant et précis. Soigné, il a le sens du détail et rien ne l'énerve plus qu'une tâche mal exécutée. Il est respectueux de sa hiérarchie et des règles. Son évolution est lente mais solide.

Orientation : les activités manuelles, la technologie, la recherche, les sciences en général, le médical ou le paramédical, le social, la psychologie, l'humanitaire, la sociologie, le notariat, le secrétariat, l'administration, la comptabilité, les métiers de service, l'astrologie ou la numérologie…

En amour : craintif et pudique, il ne se dévoile pas facilement. Il lui faut du temps pour donner sa confiance comme dans bien d'autres domaines. De fait, lorsqu'il a quelqu'un en tête, il prend tout son temps pour le découvrir. Ayant besoin de sécurité, il est en quête de stabilité et préfère rester seul que mal accompagné.

Ses points faibles : l'intestin grêle, le système nerveux.

Balance ♎

(22 ou 23 septembre – 23 octobre)
180° à 210° du zodiaque
Signe d'Air
Gouverné par Vénus, Junon et Saturne
Genre : masculin
Mode : cardinal

Doux, extraverti, communicatif, aimable, à l'écoute et convivial, ce signe est en quête d'équilibre et de légèreté. Détestant les conflits, il fuit les tensions. Sensible à son environnement, il a besoin d'évoluer dans un cadre harmonieux. Un brin idéaliste, il a soif de justice. Bien que mesuré et réfléchi, en proie aux doutes, il a du mal à prendre des décisions.
Son destin peut prendre deux images, soit il ressemble à une vraie autoroute, soit le natif aura l'impression de jouer les funambules sur une corde raide.

Au travail : très consciencieux, ce signe est appliqué et méthodique. Pour être bien dans son activité, il a besoin d'être captivé et d'évoluer dans un environnement sain. Grand communicant, il est en quête d'échanges. Honnête, droit et fidèle, il met un point d'honneur à respecter ses engagements. Opportuniste, la Balance sait saisir sa chance.

Orientation : le secrétariat, la justice, le droit, le social, l'esthétique, le bien-être, les relations humaines, la communication, les ressources humaines, l'art (danse, chant…), la diplomatie, la médiation…

En amour : dans une relation, il a besoin de partage, d'écoute, de complicité et de bonne humeur. Aspirant à l'harmonie, il fuit les conflits et les tensions. En proie à l'hésitation, il peut être pris entre deux sentiments ou mettre du temps avant de trouver chaussure à son pied. Son épanouissement passe par le couple et l'officialisation de ce dernier.

Ses points faibles : les reins, la vessie, l'urètre, les lombaires.

Scorpion ♏

(23 octobre – 21 ou 22 novembre)
210° à 240° du zodiaque
Signe d'Eau
Gouverné par Mars, Pluton et la Lune noire moyenne
Genre : féminin
Mode : fixe

C'est un signe qui a un fort caractère. Il est entier et exclusif. Instinctif, impulsif, passionné et émotif, il ne fait pas dans la demi-mesure. Tourmenté, il se révèle souvent cyclothymique, nerveux, angoissé et irascible. Un travail thérapeutique peut l'aider à trouver une certaine forme de sérénité. C'est un être dynamique, entreprenant, combatif, endurant à la peau dure. Son humour est cynique et piquant. *Sa vie est rythmée de remises en question, d'interrogations existentielles, de renoncements ou de résilience, voire de deuil. Son enfance impacte profondément sa personnalité et ses réactions.*

Au travail : quoi qu'il vive, il sait défendre ses intérêts bec et ongles. Dans son activité, il a besoin de reconnaissance. Véritable battant, il ne lâche rien. Les responsabilités, les défis et les risques l'attirent. Ses relations avec sa hiérarchie sont souvent tendues car il a du mal à se soumettre. Véritable « mineur » de fond, il va en profondeur. Intuitif, il a du flair.

Orientation : la recherche, la psychologie, toutes les activités en lien avec l'ordre ou le danger, la finance, le foncier, le notariat, la politique, les énergies diverses, parfois l'art…

En amour : selon son enfance et ses repères, la vie amoureuse du Scorpion peut être plus ou moins équilibrée ou source de souffrance et de remises en question. Entre amour et haine, passion et ennui, difficile pour lui de trouver ses marques. En couple, il fait preuve de tendresse comme de possessivité ou de jalousie.

Ses points faibles : les organes génitaux, le colon, l'anus, le nez, les muscles.

Sagittaire ♐

(21 ou 22 novembre – 21 ou 22 décembre)
240° à 270° du zodiaque
Signe de Feu
Gouverné par Jupiter et Chiron
Genre : masculin
Mode : mutable

D'une grande spontanéité, ce natif est dynamique, optimiste, enjoué, généreux et sympathique. Sociable, il aime les échanges. Compétiteur et intrépide, il a le goût du risque, de l'action et se montre volontaire et endurant. Entier, il est intègre et franc. En bon passionné, il s'enflamme et s'emballe rapidement. C'est un indépendant constamment en quête de liberté et d'évasion.
L'existence du Sagittaire passe inexorablement par les voyages, le mouvement, l'exploration, la découverte et les changements.

Au travail : les habitudes, la routine ne sont pas pour lui. Aspirant à se dépasser et à relever des défis, il a besoin d'action, de contacts et de nouveauté. Sa curiosité le pousse à sans cesse élargir ses horizons et ses connaissances. Son flair lui permet de saisir les bonnes opportunités.

Orientation : le sport, la communication, la vente, le tourisme, les métiers liés aux voyages, l'animation, le journalisme, le négoce, la cuisine, la viticulture, l'œnologie, l'hôtellerie, l'humanitaire, le social, le médical, le droit, la théologie, la philosophie, la spiritualité, l'astrologie, l'histoire, la géographie, la démographie, la technologie, toutes les activités libérales…

En amour : ce signe désireux de liberté est plus relation ou union libre que mariage. Il a horreur de se sentir étouffé, contraint et limité. Pour cette raison, il fuit l'idée même d'engagement. Son parcours est rythmé d'aventures et d'expériences diverses. À deux, il est particulièrement passionné.

Ses points faibles : les hanches, les cuisses, le foie.

Capricorne ♑ ou ♑

(21 ou 22 décembre – 19 ou 20 janvier)
270° à 300° du zodiaque
Signe de Terre
Gouverné par Saturne
Genre : féminin
Mode : cardinal

Dernier signe de Terre, il est connu pour être introverti, timide, réservé, solitaire, indépendant et peu communicant. Méfiant, il met du temps avant de sortir de sa carapace et de se dévoiler. C'est un conservateur qui est très attaché à sa famille et à ses racines. Rationnel et analytique, il a un

bon esprit d'à-propos. Dans le contrôle, il cherche à tout maîtriser, tout comprendre et manque de spontanéité. Tenant ses objectifs, il est déterminé, entier et volontaire.
La vie du Capricorne est toujours marquée par le temps et ce n'est qu'au terme de persévérance et de patience qu'il trouve équilibre, bien-être, stabilité et amour.

Au travail : méticuleux, volontaire, déterminé, c'est un travailleur hors pair. Dans l'exécution de ses tâches, il est logique et carré. Se donnant les moyens de réussir, il évolue toutefois à son rythme, étape par étape. Ambitieux, les responsabilités l'attirent.

Orientation : l'archéologie, l'histoire, la technologie, la recherche, la science, l'informatique, l'agronomie, l'agriculture, le bâtiment, le foncier, l'administration, la gériatrie, la gérontologie, le social…

En amour : exigeant et sélectif, ce signe peut attendre longtemps avant de s'engager ou de s'investir dans une relation, et ce, même s'il aspire à une vie rangée et stable. Peu communicatif, il n'est pas des plus démonstratifs. Élitiste et fuyant la médiocrité, l'attachement ou la souffrance, son parcours sentimental peut être d'une grande stabilité ou rythmé par les remises en question.

Ses points faibles : les genoux, les articulations, les os, les dents, la peau.

Verseau ♒

(19 ou 20 janvier – 18 ou 19 février)

300° à 330° du zodiaque

Signe d'Air

Gouverné par Uranus et Saturne

Genre : masculin

Mode : fixe

Selon la composante planétaire du thème, le Verseau peut être soit anticonformiste et optimiste, soit conservateur et pessimiste. Le premier a une personnalité extravertie, vive, sociable, spontanée, curieuse et communicative. Le second est un être beaucoup plus prévoyant, réservé, autoritaire, méfiant et moins adaptable. Chacun d'eux est idéaliste à sa façon.

La vie d'un Verseau est souvent marquée par les remises en question, les imprévus, les changements soudains et les carrefours.

Au travail : ce natif a besoin de mouvement, de diversité et d'échanges dans son activité. Prévoyant, il aime tout planifier afin d'avoir une longueur d'avance sur les événements. Indépendant, il est en quête de liberté dans l'exercice de ses fonctions. Adaptable, il sait se remettre en question.

Orientation : toutes les nouvelles activités, la recherche, la science, la radiologie, l'aéronautique, la publicité, l'audiovisuel, le syndicalisme, le tourisme, le commerce, la sophrologie, la tarologie, l'astrologie, la numérologie, parfois l'enseignement…

En amour : ce signe, très attaché à sa liberté et à son indépendance, préfère l'union libre au mariage. Il peut passer des années à expérimenter une vie commune avant d'officialiser sa relation. Fuyant la monotonie, en couple, il est original, inventif et créatif. Selon le type de Verseau dont il s'agit, son parcours peut être stable ou émaillé par les séparations.

Ses points faibles : les jambes, les chevilles, les mollets, le système circulatoire, la vue, l'ouïe.

Poissons ♓

(18 ou 19 février – 20 mars)
330° à 360° du zodiaque
Signe d'Eau
Gouverné par Neptune et Jupiter
Genre : féminin
Mode : mutable

Le natif du dernier signe du zodiaque est un être d'une grande émotivité. Instinctif et intuitif, il est extrêmement réceptif à son environnement. Sentimental et hypersensible, il gère difficilement ses émotions, ses angoisses et son stress. Rêveur et idéaliste, il a des difficultés à garder les pieds sur terre. D'excellente compagnie, il est aimable, généreux, prévenant et à l'écoute des autres. Changeant et cyclothymique, ses proches ont du mal à le suivre et à le comprendre. *Son parcours est assez conventionnel. Plus opportuniste qu'entreprenant, le hasard et les autres jouent un rôle clé dans son évolution.*

Au travail : sa tendance à la dispersion le pousse à travailler dans un environnement calme. Bien qu'assez fantaisiste, il sait faire preuve d'efficacité et se montre respectueux des règles établies. En équipe, son organisation et ses méthodes ont du mal à être comprises. Peu ambitieux, c'est un idéaliste insatisfait.

Orientation : l'hôtellerie, le médical ou le paramédical, l'humanitaire ou le social, le commerce, la finance, le foncier, les métiers en lien avec le voyage, la musique ou toute autre forme d'art, les métiers de service ou d'écoute…

En amour : ce signe possède un grand désir d'harmonie et d'équilibre. À la fois rêveur et romantique, il est souvent en quête du grand amour et peut passer des années à le chercher. En couple, il est attachant, doux et prévenant. Toutefois, changeant et soupe au lait, son partenaire peut avoir du mal à le comprendre. S'il aspire à se marier, son parcours est assez compliqué.

Ses faiblesses : les pieds, le système lymphatique, les connexions nerveuses, l'appareil digestif et hépatique, l'épiderme.

INFOS

Pour parvenir à bien « lire » un thème, vous devez imaginer le « graphisme » comme un alphabet.

Une planète, une maison, un signe ou un aspect ne doit jamais être interprété tout seul. Vous devez toujours regarder le thème dans son ensemble et ensuite le peaufiner domaine par domaine.

L'interprétation qui suit (position des maisons dans un signe, emplacement des planètes, aspects) est une proposition qui doit être nuancée et adaptée en fonction des planètes qui s'y trouvent.

Une planète dans un signe = façon d'être, de réagir ou d'interagir.

Une planète dans un signe et une maison = expression du tempérament ou des aptitudes d'une personne dans le domaine concerné à nuancer et à décrypter en tenant compte des aspects planétaires.

Les aspects planétaires = défis, blocages, marques, remises en question, atouts ou défauts, dons, solutions, portes de sortie ou fermetures...

II - LES DOMINANCES PLANÉTAIRES

En astrologie, on parle souvent de dominances planétaires, il s'agit d'une position « céleste » ou d'une figure particulière qui impacte non seulement la personnalité du natif mais également son « destin ». Il existe plusieurs méthodes et différents courants pour établir ces dominances. Ici nous partirons sur une approche simple.

Une planète est considérée dominante quand :
1- Elle est conjointe à l'ascendant ou au Milieu du ciel.
2- Elle est conjointe au Soleil ou à La Lune.
3- Elle fait partie d'un amas planétaire (un regroupement de conjonctions de plus de trois astres dans une maison ou un signe) et qu'elle est la plus lente.
4- Elle reçoit le plus d'aspects (positifs ou négatifs).

INFOS

S'il n'y a pas de dominance(s), il arrive qu'il y ait des sous-dominances. Ces dernières sont soit conjointes au Fond du ciel ou au descendant, soit en opposition au Soleil ou à la Lune. Si tel est le cas, même si leur influence est légèrement moindre, elles sont à prendre en compte.

Les Dominances

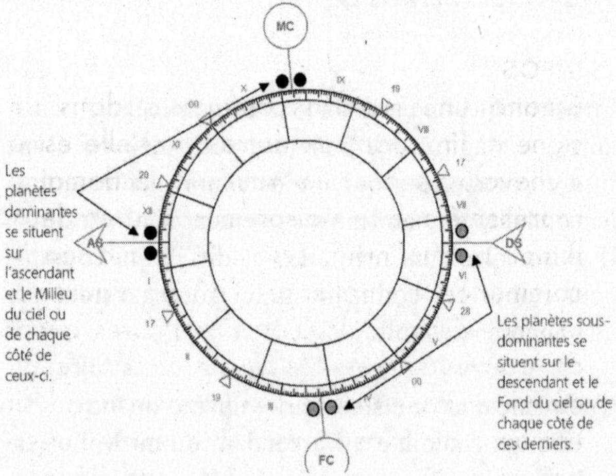

III - LES MAISONS

INFOS

Quand une maison commence dans un signe et finit dans un autre ou si elle est à « cheval », une « loi » veut que le domaine représenté par la maison soit vécu en deux temps par le natif. (Ex. : si la maison V commence en Bélier et finit en Taureau, le sujet vivra de multiples aventures avant de trouver sa stabilité et de construire un couple.) Pour une juste interprétation, il convient de faire la synthèse entre l'interprétation du premier et du second signe.

Une maison devient dominante lorsqu'une suite de planètes (trois ou plus) l'habite. Dans ce cas, le sujet est fortement influencé par la nature de celle-ci et l'orientation professionnelle en correspondance à la maison.

Les maisons s'articulent **de gauche à droite** dans le sens opposé des aiguilles d'une montre. L'**ascendant** (**maison I**) se trouvant toujours à gauche du schéma, le **Fond du ciel** (**m.4**) en bas, le **descendant** (**m.7**) à droite en face de l'ascendant et le **Milieu du ciel** (**m.10**) en haut du thème.

Les maisons

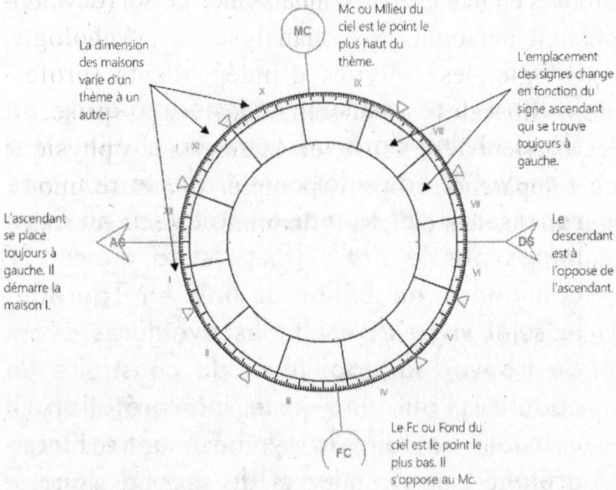

La maison I

Elle correspond à l'ascendant, c'est le point de départ des douze maisons astrologiques. Elle renseigne sur les caractéristiques physiques et psychologiques. Les astrologues disent souvent que l'ascendant est la première perception ou impression que les autres ont de nous.

Plus généralement, la maison I « parle » du caractère, des latents exploités, de la vitalité. Elle peut également donner des informations sur la manière dont nous venons au monde et sur les grandes tendances de notre destinée.

Orientations professionnelles de cette maison

Métiers en lien avec la connaissance de soi (développement personnel, psychanalyse ou psychologie, astrologie, les activités d'indépendants (professions libérales : médecin, chef d'entreprise...), les carrières en lien avec la résistance physique ou l'apparence (sportif, pompier, militaire, mode, spectacle, les métiers demandant une certaine endurance...).

Les signes en maison I

Bélier en I (ascendant)

Rend plus dynamique, plus vif, plus entreprenant et plus passionné. Le sujet aime relever les défis et se dépasser. Manquant de patience, il vit mal les retards ou les obstacles. Il rend impulsif et parfois colérique. La vie du natif peut être faite de remises en question, d'à-coups, d'excès en tout genre, d'imprévus heureux ou malheureux...

Taureau en I (ascendant)

Donne un esprit assez raisonné, une grande résistance physique et une vraie détermination. Il rend plus calme et plus posé. Le sujet porte un intérêt particulier aux biens matériels, l'art, la bonne chère. Il ne craint pas de s'investir dans ses projets ou ses relations (surtout si l'ascendant reçoit de bons aspects).

Gémeaux en I (ascendant)

L'être est sociable ou plus communicatif. Adaptable, il n'a pas de mal à se remettre en question ou à se mettre au diapason des personnes qui l'entourent ou des situations. Cette position donne une certaine capacité à vivre au jour le jour, mais elle peut rendre inconstant. Elle teinte l'existence du natif d'une forme de légèreté.

Cancer en I (ascendant)

Rend plus attaché à ses racines, à son foyer, à ses proches ou à ses habitudes. Il rend rêveur, doux, agréable à vivre, attachant, intuitif et imaginatif. Parfois, il teinte la personnalité du sujet d'un brin d'insouciance ou d'irréalisme. Il prédispose aux changements d'humeur ou à la mélancolie. La vie du natif passe par un besoin de stabilité et de sécurité.

Lion en I (ascendant)

Octroie panache, énergie, magnétisme, intuition et entrain. Il rend plus sûr de soi, plus volontaire et à l'écoute de soi ainsi que plus passionné. Cette position permet de se dépasser, de se fixer des objectifs clairs et audacieux, de défendre ses intérêts, de toujours retomber sur ses pieds. Dans sa vie, le sujet est en quête de fantaisie, d'originalité et d'intensité…

Vierge en I (ascendant)

Teinte la personnalité du natif d'un grand sens pratique. Ce dernier est plus posé, plus organisé, plus terre à terre, plus méticuleux à moins qu'il ne soit maniaque ou obsédé de la propreté, ou même hypocondriaque. Cette position tend à rationaliser les situations et rend parfois critique. La vie du sujet est assez logique dans son évolution.

Balance en I (ascendant)

Apporte charme, douceur, attention, mesure, écoute et romantisme. Le sujet donne une plus grande importance à ses amours. Il est souvent en quête d'équilibre et de bien-être. Si le thème le confirme, il peut également développer une fibre artistique. Une « loi » veut que les personnes marquées par cet ascendant aient une vie en deux parties ou deux temps.

Scorpion en I (ascendant)

Cette position donne une certaine profondeur d'esprit et un bon sens critique. Le natif a tendance à aller au fond des choses et à creuser. Intuitif et instinctif, il avance aux coups de cœur. Cet ascendant rend parfois écorché vif, sujet à des sautes d'humeur ou en proie à des craintes irrationnelles. La vie du natif est souvent faite d'à-coups, de remises en question, de renoncements, de deuils ou de renaissances…

Sagittaire en I (ascendant)

Le sujet marqué par cet emplacement sera plus dynamique, plus combatif, plus entreprenant et volontaire. Cela pourra donner des envies de challenges, d'horizons lointains… Ici, il a un fort besoin de fuir l'ennui. Il rend généreux, curieux, réactif et parfois idéaliste. La personne sous l'influence de cet ascendant a peu de chances de s'ennuyer dans la vie.

Capricorne en I (ascendant)

Rend plus terre à terre, plus concret, plus rationnel, plus patient, plus sage ou parfois plus pessimiste et même introverti. Posé, le natif est observateur et prudent. Cet ascendant peut ancrer, stabiliser ou mettre un frein aux tempéraments du signe solaire. L'existence du natif est souvent marquée par le temps, les retards et parfois les obstacles.

Verseau en I (ascendant)

Vient teinter la personnalité du natif d'une certaine forme d'originalité, d'un grand besoin de liberté et d'indépendance, voire d'un fort désir de différenciation. Selon la composition du thème, le sujet peut faire preuve d'avant-gardisme, de clairvoyance ou de conservatisme. Cette position donne sociabilité, goût des échanges et des déplacements. La vie du natif est loin d'être ennuyeuse.

Poissons en I (ascendant)

Octroie au natif douceur, imagination, sensibilité, émotivité, attachement, timidité ou réserve. S'il y a une forte concentration d'Eau dans le thème, le sujet pourra parfois manquer de réalisme et de sens pratique. Si la Terre est présente, alors il parviendra à bien gérer ses émotions. Parfois, cet ascendant rend très influençable. La vie du natif est souvent fluctuante et saccadée…

La maison II

Elle est en rapport avec les possessions, l'argent, les biens matériels divers et renseigne sur la manière de gagner sa vie ou de faire des économies. Par extension, elle parle du travail et informe sur la capacité à s'investir dans un domaine ou une relation. Certains voient en cette maison le lieu où se trouvent les talents innés et les ressources personnelles…

Orientations professionnelles de cette maison

La finance, la banque, la comptabilité, le Trésor public, le négoce, l'immobilier, l'art (dessin, peinture, chant…), le prêt-à-porter (mode, vente de vêtements…), l'agriculture ou tout ce qui touche à l'alimentation.

Les signes en maison II

Bélier en II

Tendance à dépenser aux coups de cœur, grande capacité à s'investir dans les projets qui passionnent, capacité à défendre ses intérêts, métier en relation avec une orientation du Bélier.

Taureau en II

Bonne gestion du budget, tend à la recherche d'une stabilité financière et professionnelle. Besoin de sécurité amoureuse. Investissement dans l'immobilier. Selon le thème, aptitudes artistiques. Carrière en lien avec une orientation du Taureau.

Gémeaux en II

Dualité vis-à-vis de l'argent, alternance entre périodes fastes et « malheureuses ». Gain grâce à l'écriture, les échanges, le commerce, les voyages… Métier en relation avec le signe des Gémeaux. Possibilité de mener de front plusieurs entreprises…

Cancer en II

Situation financière fluctuante, désir de sécurité matérielle, peur du manque, besoin d'investir dans l'immobilier. Conservatisme, quête de stabilité... Métier pouvant être en lien avec une clientèle ou un public. Carrière en relation avec le signe du Cancer.

Lion en II

Importance de la réussite financière, tendance à surconsommer, manque de constance dans la gestion de l'argent, goût pour les affaires ou les négociations, parfois aptitudes pour l'art. Métier en rapport avec une orientation du signe du Lion.

Vierge en II

Prudence et prévoyance dans la gestion de l'argent, tend à faire des économies, vie simple et capacité à se contenter de l'essentiel. Le sujet peut gagner sa vie dans le domaine du service aux autres. Métier en lien avec le signe de la Vierge.

Balance en II

Recherche d'équilibre financier, de sécurité et d'un certain confort. Facilité à bien cibler ses dépenses. Métier en relation avec Vénus ou avec le signe de la Balance. Capacité à négocier. Si une planète est mal aspectée dans ce signe et cette maison : situation financière fluctuante.

Scorpion en II

Sujet ayant un rapport étrange à l'argent (alterne entre dépenses et restrictions). Vie professionnelle ou financière faite de remises en question ou de crises.

Grande capacité de travail. Esprit pointilleux. Activité en relation avec un des domaines professionnels du Scorpion.

Sagittaire en II

Distance avec le matériel, tendance à dépenser aux coups de cœur, facilité à vivre le moment présent. Chance dans le domaine financier. Activité en lien avec les voyages, l'enseignement, une activité libérale, la diplomatie, l'export…

Capricorne en II

Tendance matérialiste, attachement aux biens, désir d'accumulation, quête d'une réussite financière et professionnelle, travail demandant patience et organisation, stabilité professionnelle avec le temps…

Verseau en II

Nature assez prévoyante, capacité à bien gérer un budget, si mauvais aspects, crises financières ou professionnelles à prévoir. Métier en relation avec un domaine de compétences du signe du Verseau.

Poissons en II

Rapport avec le matériel parfois complexe (alternance entre désir et refus), vie financière fluctuante. Parfois difficultés pour le natif à trouver sa voie. Activité ou poste occupé en lien direct avec le signe des Poissons.

La maison III

Elle est reliée aux échanges avec les autres, aux déplacements (en voiture, en bus, à vélo…), aux démarches administratives, aux entretiens, mais également aux études, aux formations, aux écrits, à la fratrie, aux amis, aux collaborateurs que l'on croise dans le travail…

Orientations professionnelles de cette maison

Ce secteur prédispose à toutes les activités de contact, quelles qu'elles soient (commerce, vente, relations publiques, langues, tourisme…), les médias et le multimédia (presse, radio, télévision, journalisme…), l'écriture (auteur, éditeur…), la publicité, la télécommunication, l'enseignement, l'orientation professionnelle, les secteurs en lien avec les transports en commun…

Les signes en maison III

Bélier en III

Rend vif, dynamique, extraverti, besoin de nouveaux contacts, énergie dans les démarches ou les actions, nature franche et directe, vie amicale intense et diversifiée…

Taureau en III

Grande capacité de raisonnement, sens de l'observation et de l'analyse, méthode et organisation dans les études ou le travail, recherche d'amis fidèles et sincères. Parfois amis d'enfance. Investissement dans les démarches…

Gémeaux en III
Personnalité extravertie et communicative, grand sens de l'adaptation, curiosité et vivacité d'esprit, importance de l'amitié et de l'entourage, relationnel varié et enrichissant, besoin de mouvement…

Cancer en III
Quête d'échanges dans les relations familiales, adaptabilité, jolie intuition, parfois peu d'intérêt pour les voyages lointains, sens de la fratrie, besoin de modifier l'ambiance et la déco de son intérieur…

Lion en III
Personnalité extravertie, pétillante et vive. Aptitudes pour l'art. Esprit créatif et intuitif. Sujet sélectif et élitiste. Recherche d'amis ou de relations d'un certain milieu. Parfois éloquente…

Vierge en III
Réserve, manque de spontanéité, tendance à tout analyser ou à être cérébral. Natif possédant un bon sens critique. Application, sens du détail. Personnalité peu encline aux voyages…

Balance en III
Grand sens du contact et des échanges, personne aimable et sociable, besoin de relations harmonieuses et équilibrées en amitié, grande curiosité, esprit artistique et pratique…

Scorpion en III
Grand sens psychologique, bonne analyse des situations et des êtres, personnalité intuitive, capacité à se remettre en question et à changer, vie amicale ou études parfois troublées et difficiles…

Sagittaire en III
Goût de l'aventure et de la découverte, soif de nouveaux horizons et de voyages, intérêt pour les multiples cultures du monde, attrait pour l'étranger, besoin de mouvement et de liberté…

Capricorne en III
Grande concentration, besoin de tout analyser et hiérarchiser. Esprit assez conservateur, manque de spontanéité, lenteur dans les actions ou patience dans les démarches, études scientifiques…

Verseau en III
Vivacité d'esprit, curiosité, adaptabilité, idées novatrices et avant-gardistes, besoin de bouger et de voyager, capacité à dépasser ses limites et à voir loin, vie amicale toujours en mouvement…

Poissons en III
Manque de sens pratique, natif évoluant à l'émotion, belle intuition mais tendance à ne pas l'écouter. Si le thème le confirme et si bonne structure de Saturne, médiumnité. Entourage changeant…

La maison IV ou le Fond du ciel

Nommée également **Nadir** ou **Fond du ciel** (Fc), ce secteur donne des informations sur le foyer ou le lieu de vie, la famille et les racines, la ville ou le pays natal. Il permet de comprendre comment un natif vit ses émotions, de quelle sorte d'imagination il dispose ou encore de quelles « facultés » innées il est pourvu. Cette maison est aussi en relation avec la fin de vie et l'aboutissement des efforts. Dans un thème, après la Lune, elle correspond à l'image de la mère.

Orientations professionnelles de cette maison

La psychologie, la sophrologie, l'hypnose, la régression karmique, l'astrologie, la voyance, l'architecture, la décoration d'intérieur, la brocante, la plomberie, tout ce qui touche au lieu de vie (peintre en bâtiment, chauffagiste), la fonction de maire, les travaux publics, le gardiennage d'immeuble, l'histoire, la garde d'enfant, l'enseignement, le conseil familial, le travail à la maison…

Les signes en maison IV

Bélier en IV

Besoin et capacité à rompre avec le quotidien et les habitudes. Quête de sensations fortes. Souvent enfance difficile ou empreinte de tensions, voire de jalousies ou de rivalités.

Taureau en IV

Natif en recherche de sécurité familiale ou matérielle. Attachement aux parents ou aux racines. Désir de stabilité et d'ancrage. Capacités artistiques demandant à être utilisées. Investissement(s) immobilier(s)…

Gémeaux en IV

Relations familiales fluctuantes et changeantes au fil des ans. Tendance à entretenir des relations à la carte avec les proches. Importance de la fratrie. Parfois déménagements…

Cancer en IV

Grand attachement à la famille et aux parents. Désir de relations stables et sécurisantes. Foyer permettant de se ressourcer. Amour de son domicile. Image de la mère importante. Natif casanier…

Lion en IV

Sujet accordant une importance capitale à son foyer et ses parents. Désir de créer son propre cocon familial. Image du père marquante (au positif comme au négatif), « dons » artistiques…

Vierge en IV

Natif proche de sa famille. Grande serviabilité. Lieu de vie assez organisé et rangé. Parfois famille marquée par un événement en relation avec la maladie. Fin de vie compliquée…

Balance en IV

Grand sens de l'hospitalité. Intérieur décoré avec bon goût. Bases solides transmises par les parents ou à l'inverse manque conduisant à des traumas… Foyer permettant de se retrouver…

Scorpion en IV

Début de vie ou fin de vie difficile d'un point de vue santé. De nombreux déménagements sont possibles. Relations fusionnelles avec les parents ou extrêmement compliquées. Facultés de voyance.

Sagittaire en IV

Natif ayant parfois la bougeotte. Désir de sortir du moule et des sentiers battus. Soif de renouveau.

Sujet pouvant parfois prendre de la distance face à sa famille. Déménagements possibles…

Capricorne en IV

Sujet accordant une importance cruciale à ses parents et à ses origines. Froideur ou pudeur dans les relations familiales. Besoin de sécurité et de confort. Quête de stabilité. Père important dans la construction du natif.

Verseau en IV

Fuite des habitudes et de la monotonie. Facilité à vivre en communauté. Désir précoce d'émancipation. Famille de cœur capitale au bien-être. Parfois fin de vie en exil. Clairvoyance développée…

Poissons en IV

Relations fusionnelles et passionnées avec les parents ou à l'inverse troubles. Sujet d'une grande créativité ou possédant une jolie intuition. Foyer permettant de se ressourcer et de se retrouver.

La maison V

Ce secteur renseigne sur les forces vives et les « dons » (intuition, créativité, imagination…) dont dispose un natif, mais également sur les amours (flirts, aventures, histoires), les enfants et les loisirs qui passionnent le natif. Par extension, cette maison donne des informations sur la manière de séduire, la confiance en soi, voire les facultés et les talents exprimés ou pleinement exploités.

Orientations professionnelles de cette maison

Les métiers créatifs ou de l'expression personnelle, voire corporelle (l'art scénique, la peinture, l'architecture, le design, la mode, l'audiovisuel, la danse, l'esthétique, la coiffure…), toutes les activités en lien avec les loisirs (animateur, par exemple), les professions en rapport avec le luxe, la finance (banque, par exemple), la cardiologie, les loisirs, une activité indépendante ou en relation avec une passion…

Les signes en maison V

Bélier en V

Natif passionné en amour. Besoin de vibrer et de s'enthousiasmer dans une relation. Bel instinct de survie. Multiplication des centres d'intérêt. Désir de plaire. Capacité à bien diriger son énergie…

Taureau en V

Sensualité, joie de vivre, gourmandise… Recherche d'une relation stable et épanouissante. Importance de la vie amoureuse. Désir d'enfant(s). Capacités artistiques (sculpture, peinture, chant…).

Gémeaux en V

Instabilité amoureuse (uniquement si le thème le confirme), multiplication des aventures ou des loisirs, parfois manque de constance. Facilités pour l'écriture. Tempérament infantile…

Cancer en V

Facilités pour l'art, recherche d'une relation solide et apaisée, famille ayant tendance à s'immiscer dans la vie amoureuse du sujet, belle intuition, désirs d'enfant(s) et de fonder une famille…

Lion en V

Grande fertilité d'esprit, intuition vive et juste, nombreux centres d'intérêt, soif de nouveauté, créativité artistique, sujet passionné et enflammé, désir de plaire, amour des enfants…

Vierge en V

Vie amoureuse structurée, réfléchie et pensée. Sujet ne donnant pas libre cours à ses émotions. Désir de contrôle. Vie amoureuse rangée ou solitude. Personne aimant collectionner…

Balance en V

Natif en quête d'équilibre amoureux, désir de partage et de douceur, épanouissement passant par la création d'un couple et d'une famille, parfois natif amoureux de l'amour. Belle créativité…

Scorpion en V

Vie amoureuse pouvant connaître de nombreuses remises en question, amour passionnel et destructeur, tendance à tout vivre avec intensité, personnalité explosive, possessivité, jalousie…

Sagittaire en V

Quête d'un idéal sentimental, la vie amoureuse peut avoir un lien avec l'étranger à un moment donné dans la vie du natif, tempérament passionné, fuite de l'ennui et de la morosité…

Capricorne en V

Difficulté à exprimer ses émotions, recherche d'un amour durable, capacité à s'investir, quête de stabilité et d'équilibre, parfois différence d'âge entre conjoints ou difficultés pour avoir des enfants…

Verseau en V

Personnalité originale et fantaisiste, relations libres, indépendance de cœur et d'esprit, intérêt pour de nombreux domaines, multiplication des loisirs, parfois fuite des responsabilités…

Poissons en V

Désir de fusion en couple, quête d'un idéal amoureux, sujet d'une grande émotivité ou d'une grande sensibilité, créativité artistique, désir d'enfant(s) et de famille…

La maison VI

C'est le secteur du travail, du labeur, du quotidien, des tâches courantes, des obligations diverses, de la vitalité (atouts et faiblesses), des maladies mais également des animaux de compagnie… Elle renseigne sur les outils dont un sujet dispose dans son activité ainsi que sa possible orientation professionnelle.

Orientations professionnelles de cette maison

Toutes les activités en relation avec la santé (infirmier[ère], pharmacien[ne], aide-soignant[e], nutritionniste, biologiste, neurologue, psychologue, vétérinaire…), le social (assistant[e] social[e], par exemple), secrétaire, les métiers qui demandent précision et logique (comptable, documentaliste…), le service…

Les signes en maison VI

Bélier en VI

Rapidité d'exécution, fuite de la routine et des habitudes, tendance à vouloir brûler les étapes ou à bâcler les tâches. Grande capacité à défendre ses intérêts. Troubles migraineux, inflammations diverses…

Taureau en VI

Grande capacité de travail et de concentration. Désir de stabilité professionnelle et financière. Activité touchant aux orientations du Taureau. Problèmes ORL divers.

Gémeaux en VI

Facilités (et désir) à travailler en équipe. Sujet ne concevant pas son activité sans échanges. Polyvalence. Besoin de diversité au quotidien. Métier marqué par la communication, les écrits ou la réflexion…

Cancer en VI

Sujet ayant tendance à se laisser porter par les événements. Désir de travailler chez soi ou pour soi, voire avec sa famille. Public ou clientèle possible. Fragilité du système digestif.

Lion en VI

Ambition, désir de reconnaissance dans le travail, capacité à toujours retomber sur ses pattes, adaptabilité, grande importance accordée à l'activité, orientation en lien avec le signe du Lion. Problèmes cardiaques possibles.

Vierge en VI
Sujet organisé, structuré et méthodique. Travail pouvant être en relation avec le service, un domaine pratique, manuel ou scientifique. Bon exécutant. Système digestif ou nerveux fragile.

Balance en VI
Quête d'équilibre et d'harmonie au quotidien comme au travail. Activité rythmée par les échanges et l'écoute ou l'art... Quête de confort. Nécessité d'avoir une bonne hygiène et un bon équilibre de vie.

Scorpion en VI
Quotidien et activité empreints de remises en question, de changements brutaux ou de prises de conscience. Capacité à aller au fond des choses ou à dépasser les apparences. Problèmes sexuels.

Sagittaire en VI
Fuite de la monotonie. Besoin de diversité et de fantaisie. Indépendance d'esprit et désir de liberté. Capacité à se dépasser ou à voir grand. Les déplacements ou voyages peuvent marquer l'activité.

Capricorne en VI
Ambition et désir de réussir. Objectifs clairs et précis. Constance dans l'effort. Capacité à prendre des responsabilités. Évolution professionnelle demandant patience. Problèmes osseux.

Verseau en VI
Métier peu courant. Intuition ou clairvoyance servant dans l'activité. Travail d'indépendant ou dans un grand groupe. Orientation en lien avec le signe du Verseau.

Poissons en VI

Si le thème le confirme, difficultés à trouver sa voie ou son équilibre professionnel. Tendance à fuir les responsabilités. Santé physique ou psychologique fragile.

La maison VII ou le descendant

Correspondant au descendant, secteur opposé à l'ascendant, la maison VII est associée aux autres, au couple, au partenaire, aux associations, aux partenariats, aux contrats, aux accords ou désaccords, au mariage, au juridique et aux diverses démarches administratives.

Orientations professionnelles de cette maison

Les carrières liées au juridique (magistrat, avocat, juge, policier, gendarme…), les postes dans l'administration, les relations publiques, la politique ou la diplomatie, tous les métiers mettant en relation avec les autres…

Les signes en maison VII

Bélier en VII

Nature passionnée dans les relations amoureuses, quête d'un partenaire vif ou de collaborations dynamiques, parfois relations amoureuses enflammées source de déception…

Taureau en VII
Désir d'équilibre amoureux, soif de stabilité, besoin de créer un couple solide pouvant évoluer vers une famille. Associations professionnelles fiables et enrichissantes, mariage apportant un bel équilibre.
Gémeaux en VII
Les échanges sont indispensables au bien-être amoureux ou professionnel. Cette position prédispose aux amitiés amoureuses ou à un couple qui se forme avec un(e) ami(e)…
Cancer en VII
Besoin de sécurité sentimentale. Recherche d'une stabilité conjugale et familiale. Parfois tendance à reproduire le schéma familial ou à s'en détacher. Travail au sein d'une société familiale.
Lion en VII
Aspirations sentimentales poussées. Besoin d'admirer son ou sa partenaire. Idéal amoureux. Mariage d'amour pouvant contribuer à l'élévation sociale. Vie relationnelle enrichissante.
Vierge en VII
Quête d'un équilibre sentimental. Exigence dans les rencontres. Mariage de raison plus que d'amour. Partenaire cérébral et peu communicatif ou démonstratif. Importance des relations professionnelles.
Balance en VII
Excellente position pour trouver un équilibre amoureux. Désir de mariage. Vie de couple épanouissante (si le thème le confirme). Vie sociale protégée et favorisée. Gain de cause dans les procès.

Scorpion en VII
Vie sentimentale rythmée par la passion. Désir d'un amour absolu. Grosses remises en question dans les unions ou les associations (divorce, rupture de contrat au travail, licenciement…).

Sagittaire en VII
Besoin d'un(e) partenaire dynamique. Fuite de la monotonie et des habitudes en couple. Amour à distance ou conjoint(e) marqué(e) par l'étranger. Prise de distance dans les relations.

Capricorne en VII
Stabilisation amoureuse tardive. Désir profond de sécurité et de stabilité. Manque de spontanéité dans les relations ou les unions. Vie amoureuse parfois compliquée et rude (voir ensemble du thème).

Verseau en VII
Vie sentimentale originale qui ne rentre pas dans les schémas de la société. Fuite des habitudes. Union libre. Amitié(s) amoureuse(s). Quête d'indépendance. Vie sociale riche et diversifiée.

Poissons en VII
Vie amoureuse coupée en deux étapes (deux mariages, deux grandes histoires ou période à deux et cycle de solitude). Désir de fusion dans une relation. Vie sentimentale floue ou décousue.

La maison VIII

Elle est directement assimilée à la mort ou à la renaissance, aux deuils (physiques ou psychologiques), aux accidents, aux chocs, aux imprévus, aux crises existentielles, aux grands carrefours de l'existence, aux héritages (financiers ou héréditaires), aux coups de chance, aux passions, à la sexualité mais également à des capacités enfouies ou des ressources cachées.

Orientations professionnelles de cette maison

La psychologie, la sophrologie, l'hypnose, la voyance, la radiesthésie, les activités en relation avec la mort (soins palliatifs, urgentiste, notaire, médecin légiste, agent de chambre funéraire, thanatopracteur…), la sexualité (sexologue, gynécologue, vénérologue, prostitué[e]…), la finance, le pétrole, la sidérurgie, la pharmacologie, la chimie, la biologie…

Les signes en maison VIII

Bélier en VIII

Tempérament impulsif et colérique, voire bagarreur. Désir de conquêtes. Grande ressource énergétique. Chocs ou accidents possibles. Sex-appeal, libido développée. Sujet dépensier.

Taureau en VIII

Investissement(s) dans l'immobilier possible(s). Grande force de caractère. Natif possessif. Désir de réussite matérielle. Héritage familial bénéfique. Sujet d'une extrême sensualité.

Gémeaux en VIII

Grande nervosité ou troubles neurologiques envisageables (si le thème le confirme). Quête de connaissances. Capacité à se remettre en question. Intérêt pour l'inconnu ou l'invisible.

Cancer en VIII

Famille pouvant être source de bienfaits ou de traumas. Natif cherchant à rompre avec un fonctionnement familial. Peur de l'abandon ou de perdre un proche. Crainte de la mort.

Lion en VIII

Faculté d'adaptation développée, sujet allant au fond des choses. Bon sens de l'observation et de la déduction. Grande force de caractère. Personnalité créative, instinctive et passionnée.

Vierge en VIII

Peur du changement ou angoisses existentielles. Désir absolu de stabilité. Besoin de rompre avec l'héritage familial pour être bien. Bon sens psychologique et belle intuition. Grande capacité d'analyse.

Balance en VIII

Vie amoureuse parfois troublée et faite de remises en question (si le thème le confirme). Désir absolu de partage. Personnalité exigeante et entière. Les autres seront source d'épreuves…

Scorpion en VIII

Grande facilité de remises en question, nature passionnée et impulsive. Attirance pour le mystère, le surnaturel, la mort, la maladie… Besoin de posséder. Sexualité importante dans la vie du natif.

Sagittaire en VIII

Besoin d'action et de mouvement. Désir de liberté absolue. Sujet pouvant tout envoyer balader du jour au lendemain. Grand idéalisme. Forte sexualité. Mysticisme ou éveil spirituel. Accident(s) à l'étranger.

Capricorne en VIII

Difficultés à lâcher prise ou à faire face aux changements. Résistance physique extrême ou vitalité mise à rude épreuve. Parfois épreuves en lien avec l'amour, le travail ou les finances.

Verseau en VIII

Vie amicale faite de remises en question. Clairvoyance. Sujet prévoyant capable de faire face aux problèmes financiers. Désir de repousser ses limites. Soif de nouveauté. Capacité à se renouveler…

Poissons en VIII

Natif extrêmement réceptif, grande intuition ou voyance, voire médiumnité (si l'ensemble du thème le confirme). Parfois angoisses très prononcées. Perte d'argent ou difficultés à stabiliser son budget…

La maison IX

Ce secteur est associé aux voyages, aux déplacements, à la spiritualité, à la religion ou aux croyances, au lointain, au dépassement de soi, aux possibilités, à l'inspiration, aux démarches, aux études supérieures et également à la loi.

Orientations professionnelles de cette maison

Le juridique, les hautes fonctions de l'État ou de l'administration, le secteur des voyages (tourisme, transport, export, aviation ou aéronautique), les langues (interprète, linguiste…), le commerce international, l'enseignement, les vocations religieuses ou spirituelles, l'astrologie, la numérologie, la philosophie, la psychologie…

Les signes en maison IX

Bélier en IX

Donne un certain dynamisme. Soif d'aventure. Goût des voyages. Idéalisme. Fuite de l'ennui et de la monotonie. Quête de découverte et de connaissances. Impulsivité.

Taureau en IX

Natif capable de se fixer des objectifs clairs et précis. Bonne orientation de son énergie et de ses actions. Sujet trouvant sa voie grâce à la patience et à la détermination.

Gémeaux en IX

Natif pouvant avoir la bougeotte. Besoin d'action et de diversité. Polyvalence. Facilités à aller vers les autres et à communiquer. Parfois opportunisme ou laisser-aller.

Cancer en IX

Capacité à dépasser ses craintes, ses peurs et ses

blocages. Personnalité rêveuse et idéaliste. Parfois créativité ou intérêt pour l'astrologie et la spiritualité. Déménagements possibles.

Lion en IX

Grande vivacité d'esprit, besoin d'action et de mouvements. Attirance pour les voyages. Personnalité spontanée, inventive, sociable, optimisme et pétillante. Désir de réussite.

Vierge en IX

Curiosité assez développée, désir d'apprendre des autres ou sur les autres. Intérêt pour d'autres cultures, l'humanitaire, la spiritualité. Grande organisation lors des déplacements.

Balance en IX

Soif d'équité et de justice. Quête constante d'équilibre et de bien-être. Si le thème le confirme, mariage à l'étranger ou rencontre d'une personne d'origine étrangère.

Scorpion en IX

Sujet sachant repousser ses limites. Désir d'absolu. Goût de l'aventure. Besoin d'aller au-delà des apparences. Natif préférant parfois prendre la fuite face à certaines responsabilités.

Sagittaire en IX

Fort intérêt et grande attirance pour l'étranger. Besoin de bouger et de sortir des sentiers battus. Personnalité idéaliste. Vie marquée par de nombreux déménagements. Bel optimisme.

Capricorne en IX

Natif pouvant avoir des difficultés à bouger, esprit

casanier. Désir de contrôle des événements. Sujet ayant une vision large et globale des situations. Parfois signe de sagesse et de spiritualité.

Verseau en IX

Sujet ayant du mal à tenir en place. Désir de nouveauté et de fantaisie. Grand idéaliste. Sphère amicale très développée. Esprit rapide, vif et ouvert. Capacité à sortir des sentiers battus.

Poissons en IX

Natif ayant tendance à fuir la réalité ou ses obligations. Parfois peur de l'inconnu (si le thème le confirme). Spiritualité ou croyance changeante. Attirance pour les voyages.

La maison X ou le Milieu du ciel

Point le plus haut du thème faisant face au Fond du ciel, il est annoté Mc (Milieu du ciel) dans un thème. Cette maison renseigne sur la carrière, la vocation, la vie sociale, les réalisations professionnelles, la manière d'interagir avec une hiérarchie ou le désir de réussite. Si le secteur 4 est celui de la mère, la maison X est en lien avec l'image du père.

Orientations professionnelles de cette maison

Les hautes fonctions administratives ou politiques, les carrières en relation avec l'emploi (Pôle emploi, audit d'entreprise, recrutement, orientation professionnelle, ressources humaines…), les postes de management ou de direction, les activités ayant une relation avec un public…

Les signes en maison X

Bélier en X

Natif combatif, volontaire et fonceur. Désir de réussir. Tendance à brûler les étapes. Capacité à diriger. Réussite soumise aux changements soudains.

Taureau en X

Sujet en quête d'une stabilité professionnelle. Confiance en soi, capacité à s'imposer dans son domaine de compétences. Sens des affaires. Réussite professionnelle plus sécurisante que spectaculaire.

Gémeaux en X

Sujet adaptable. Changement de carrière ou de poste. Communication indispensable à l'équilibre professionnel. Reprise d'études permettant d'évoluer dans sa carrière. Déplacements fréquents. Polyvalence.

Cancer en X

Métier en relation avec les autres, les soins, les enfants ou encore une clientèle. Le natif peut travailler chez lui ou pour lui, voire être père ou mère au foyer. Évolution lente mais sûre.

Lion en X

Fort désir de réussite et de reconnaissance professionnelle. Capacité à commander, à diriger ou à guider. Si le thème le confirme, grande réussite. Bonne prédisposition pour le théâtre, les médias ou la politique.

Vierge en X
L'activité peut passer par le service à la personne, l'analyse des situations, le travail manuel, les sciences… Sujet méthodique, appliqué et organisé dans l'exercice de ses fonctions.

Balance en X
Les échanges sont indispensables à l'épanouissement professionnel. Travail ayant un lien avec la justice, la médiation, l'écoute, le conseil ou l'art. Quête d'un équilibre professionnel.

Scorpion en X
Vie professionnelle faite de multiples remises en question. Natif ayant du mal à se trouver ou à trouver sa voie. Métier ayant une relation avec les orientations du signe du Scorpion.

Sagittaire en X
Sujet ayant la bougeotte. Soif de nouveauté et de nouveaux horizons. Selon l'ensemble du thème, indice de réussite à un poste important. Métier pouvant amener à bouger ou voyager.

Capricorne en X
Grande ambition professionnelle. Si le thème le confirme, situation sociale ou professionnelle honorifique ou prometteuse. Poste de direction. Responsabilités. Métier en relation avec le Capricorne.

Verseau en X
Nature avant-gardiste. Capacité à sortir des sentiers battus. Intérêt pour les nouveaux domaines. Désir d'indépendance. Carrière en lien avec l'humanitaire, le collectif, les médias, les sciences, l'écologie…

Poissons en X
Carrière faite de multiples changements. Difficultés à tenir ses objectifs. Tendance à explorer plusieurs voies avant de trouver la bonne. Sensibilité tenant une place importante dans l'activité. Travail en relation avec le signe des Poissons.

La maison XI

Ce secteur nous renseigne sur la manière dont une personne vit ses amitiés ou ses relations. Il « parle » des projets, des rêves et des aspirations du natif. C'est également la maison de la clientèle, des connaissances générales, de l'intuition ou de la clairvoyance.

Orientations professionnelles de cette maison

Les secteurs liés au son et à l'image (audiovisuel, cinéma, photographie…), la télécommunication, la psychologie, la sophrologie, l'astrologie, l'enseignement, la recherche, la technologie (informatique, robotique, intelligence artificielle…), les énergies renouvelables, les carrières dans l'aérien (pilote d'avion, steward/hôtesse de l'air…), l'astronomie, l'astrophysique…

Les signes en maison XI

Bélier en XI

Sujet vif d'esprit, curieux de tout et inventif. Relations amicales passionnées et à la carte. Amitiés changeantes. Capacité à défendre ses projets. Entreprises exécutées trop rapidement ou idéalistes.

Taureau en XI

Grande importance de l'amitié dans la vie du natif. Recherche d'amis fidèles et sincères. Les projets sont pensés et réfléchis. Capacité du natif à se projeter sur le long terme.

Gémeaux en XI

Grande capacité d'échanges. Natif donnant une importance forte à l'amitié. Cercle amical diversifié. Amis de tous milieux. Projets novateurs et avant-gardistes. Clairvoyance. Clientèle possible.

Cancer en XI

Natif ayant besoin de se construire une famille de cœur solide et fiable. Grande intuition. Projets créatifs et inventifs. Sujet apprécié jouissant d'une bonne popularité.

Lion en XI

Natif exigeant dans ses relations amicales. Recherche d'amis ayant charisme, aura et bonne position sociale. Projets audacieux qui sortent de l'ordinaire. Si le thème le confirme : renommée.

Vierge en XI

Natif animé d'idéaux identiques à ses relations. Sélection dans le choix des amis ou méfiance vis-à-vis des autres. Les projets sont réfléchis, étudiés et construits. Intérêt pour le collectif.

Balance en XI

Sujet sociable, ouvert et curieux des autres. Désir d'équilibre et d'harmonie dans les relations avec les autres et les amis. Projets tournés vers l'humain ou l'artistique. Entreprises vouées à l'équilibre.

Scorpion en XI

Relations amicales passionnées et changeantes, parfois source de remises en question ou de tensions. Grande capacité à se renouveler. Projets et entreprises rimant avec renaissance ou renoncement.

Sagittaire en XI

Cercle amical éclectique, amis de tous les horizons ou de tous les milieux. Projets trouvant leur inspiration à l'étranger ou amenant à l'étranger, voire à voyager. Spiritualité possible.

Capricorne en XI

Sphères relationnelles et amicales restreintes. Sujet sélectif dans le choix de ses amis. Recherche de relations sincères et fidèles. Projets demandant patience et investissement personnel.

Verseau en XI

Natif avant-gardiste, prévoyant et clairvoyant. Importance cruciale de l'amitié dans la vie du sujet. Relations aidant au développement d'un projet. Entreprises originales et innovantes. Clientèle.

Poissons en XI

Sujet très attaché à ses amis. Relations parfois fusionnelles. Selon l'ensemble et les aspects du thème, les amitiés peuvent amener le meilleur comme le pire. Difficultés à trouver sa voie. Dispersion possible.

La maison XII

Ce secteur est mis en parallèle aux épreuves, à l'enfermement, aux hospitalisations, au karma et également aux secrets, aux choses, aux relations ou aux ennemis cachés. Ne se limitant pas au malheur, c'est également le symbole de vacances, de breaks, de parenthèses, de « dons » ou facultés qui devront être exploités.

Orientations professionnelles de cette maison

Les domaines de la santé (aide-soignant[e], médecin, infirmier[ère], biologiste, pharmacien[ne]...), les activités en relation avec l'inconscient (psychologue, sophrologue, hypnothérapeute...), les métiers touchant à l'addiction (tabacologue, addictologue...), les carrières en lien avec les choses cachées (voyant, médium, radiesthésiste...), les métiers touchant aux vacances (tourisme, par exemple), l'univers carcéral...

Les signes en maison XII

Bélier en XII

Difficultés à gérer son énergie, potentiel pas toujours exploité, tensions intérieures, colère rentrée, besoin de faire des pauses régulières pour se ressourcer. Magnétisme latent.

Taureau en XII

Solitude choisie et bien vécue, désir de faire le point sur soi et de se ressourcer au contact de la nature, capacités artistiques à développer. Parfois, difficultés financières possibles.

Gémeaux en XII

Difficultés à aller au contact des autres, timidité ou réserve. Natif ayant tendance à ruminer dans son coin et analysant trop ses émotions. Parfois, adolescence difficile.

Cancer en XII

Grande réceptivité et intuition extrêmement développée (si le thème le confirme, voyance). Famille pouvant être vécue comme « étouffante » ou surprotectrice. Besoin d'être dans sa bulle pour se ressourcer.

Lion en XII

Belles prises de conscience, capacité à voir au-delà des apparences, excellent instinct de survie, jolie intuition demandant à être utilisée. Difficultés à identifier ses désirs ou ses envies.

Vierge en XII

Timidité, réserve ou manque de confiance en soi et dans les autres. Tendance à s'isoler. Être introspectif. Propice à un travail psychologique. Désir de se rendre utile. Métier en lien avec le soin.

Balance en XII

Désir profond d'harmonie, fuite de toutes formes de tension, besoin de mener une vie saine et équilibrée.

Parfois, les autres peuvent être source de déception ou de souffrance.

Scorpion en XII

Belle capacité d'intuition, intérêt pour le mystère et tout ce qui est invisible, difficultés à gérer ses émotions, parfois autodestruction, problèmes de santé divers (à confirmer avec l'ensemble du thème).

Sagittaire en XII

Natif ayant du mal à se fixer ou rencontrant des problèmes pour s'orienter dans la vie. Tendance à fuir lors des moments difficiles. Sujet devant faire des pauses régulières pour se ressourcer. Spiritualité.

Capricorne en XII

Tendance à s'isoler et à se replier sur soi lors des épreuves ou des difficultés. Bonne capacité d'introspection. Sujet assez solitaire. Épreuves difficiles demandant persévérance et résistance.

Verseau en XII

Besoin de sortir des sentiers battus ou de se différencier des autres. Culture de sa propre identité. Clairvoyance et intuition développées. Les amis donnent l'occasion de se ressourcer.

Poissons en XII

Hypersensibilité ou difficultés à gérer ses émotions. Fuite de la réalité. Sujet ayant tendance à se noyer dans un verre d'eau. Santé fragile (à confirmer avec l'ensemble du thème). Inconstance.

IV - LES PLANÈTES

AVERTISSEMENT

Les interprétations données ci-dessous sont une aide, une première piste de réflexion pour vous permettre d'intégrer facilement les grandes caractéristiques des astres. Apprenez à les nuancer et affinez-les, structurez-les en fonction de vos propres ressentis et intuitions.

INFOS

Lorsqu'une planète reçoit de bons aspects d'autres planètes, on dit qu'elle est bien aspectée. À l'inverse, si elle est « affligée » par d'autres astres, elle est mal aspectée. Attention, les bons aspects neutralisent ou diminuent les tendances négatives des mauvais aspects.
Un astre qui n'a que de mauvais aspects mais qui est en quinconce est considéré comme neutre.

Les planètes et leur domicile

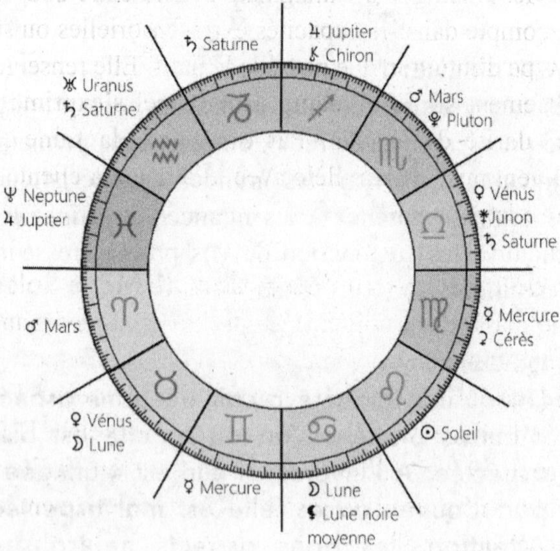

La Lune

Planète la plus rapide du zodiaque, elle met environ 28 jours pour parcourir les douze signes.
Maîtres : le Cancer et le Taureau.

Planète caméléon, elle est en lien avec le principe féminin et est associée à la créativité, la fécondité, l'inconscient, la sensibilité, la réceptivité, voire l'émotivité…

Dans un thème, elle donne des informations sur la naissance, la petite enfance, les relations avec la mère ou la famille. Elle « parle » également du lieu de vie. Analogue à l'imagination, elle entre souvent en compte dans les capacités extrasensorielles ou sur le type d'intuition que possède le natif. Elle renseigne également sur le domaine dans lequel s'exprime la popularité de chacun. Par extension, la Lune est souvent mise en parallèle avec le public, la clientèle, voire la patientèle…

En dominance (sur l'ascendant, le Mc, le Soleil)

Elle confère sensibilité, réceptivité à son environnement, grand attachement à la famille. Bien aspectée, elle rend affectueux, chaleureux, doux et créatif. Elle est un indice de réussite ou de reconnaissance. Mal aspectée, elle rend vulnérable, insatisfait, influençable, hypersensible, instable émotionnellement ou encore dépressif…

Orientations en relation avec cette planète

La petite enfance, l'art, la photo, l'esthétique, la coiffure, la décoration, la maison, l'immobilier, la psychologie, l'éducation, la politique, l'alimentation, la nutrition, l'hôtellerie, la restauration, le monde de la nuit, l'accueil, le conseil, le social, la clairvoyance…

La Lune dans les 12 signes

Lune en Bélier

Bien aspectée : émotivité vive. Tempérament instinctif. Relations familiales passionnées. Grande imagination. Belle créativité. Instinct de survie.

Mal aspectée : impulsivité, possessivité ou jalousie. Tendance à la colère. Instabilité émotionnelle. Manque de maturité.

Lune en Taureau

Bien aspectée : belle sensibilité ou créativité. Caractère doux, posé, attachant. Goût pour la bonne chère. Sensualité. Attachement à la famille et aux habitudes. Position favorable à un investissement immobilier.

Mal aspectée : difficultés à gérer ses émotions. Manque de concret et de réalisme. Tendance à ruminer.

Lune en Gémeaux

Bien aspectée : facilité à communiquer et à aller vers les autres. Amabilité. Sens de l'écoute. Curiosité d'esprit. Créativité. Clairvoyance. Cercle relationnel varié. Personnalité adaptable ou caméléon.

Mal aspectée : instabilité émotionnelle. Dualité. Nervosité ou angoisses. Relations complexes avec la mère.

Lune en Cancer

Bien aspectée : grand attachement à la famille, à la mère ou aux racines. Imagination et créativité. Grand sens artistique. Douceur. Sensibilité. Besoin de sécurité.

Mal aspectée : manque de réalisme. Indolence. Troubles psychologiques. Peur de l'abandon. Mère absente ou castratrice. Peur de l'avenir.

Lune en Lion

Bien aspectée : qualité de cœur. Envie de construire une famille. Bon rapport avec les enfants. « Don » pour l'art. Capacité à prendre des responsabilités. Besoin de briller ou de se faire remarquer.

Mal aspectée : tendance égocentrique. Difficultés à maîtriser ses émotions. Mère étouffante.

Lune en Vierge

Bien aspectée : la créativité sert la logique et inversement. Prévoyance. Douceur, compassion, intérêt pour les autres. Besoin de se sentir utile. Bonne mémoire. Attachement aux habitudes.

Mal aspectée : peur de l'inconnu. Esprit compliqué. Raisonnement irrationnel. Timidité. Enfermement. Solitude.

Lune en Balance

Bien aspectée : belle sensibilité artistique. Personnage agréable à côtoyer. Quête d'équilibre et de douceur. Rêve de mariage ou de vivre une belle histoire d'amour. Mère attentive.

Mal aspectée : hyperémotivité qui joue des tours. Tendance à l'instabilité. Difficultés à faire des choix.

Lune en Scorpion

Bien aspectée : bel instinct de survie. Intuition développée. Grande curiosité d'esprit. Intérêt pour la voyance ou la médiumnité. Indice possible de nombreux déménagements.

Mal aspectée : famille source de tensions. Remises en question quotidiennes. Tendance autodestructrice. Mal-être.

Lune en Sagittaire

Bien aspectée : personnalité vive et intrépide. Soif d'aventures. Spiritualité. Besoin d'évasion. Vie marquée par les voyages ou de nombreux déménagements. Mère dynamique et pétillante.

Mal aspectée : fuite des responsabilités. Difficultés à se fixer ou à tenir ses objectifs. Peur de l'abandon.

Lune en Capricorne

Bien aspectée : natif attaché à sa famille, ses habitudes ou ses origines. Bonne maîtrise de ses émotions. Intuition solide et concrète. Instinct de préservation. Sens de l'observation.

Mal aspectée : tendance à la solitude et à l'enfermement. Caractère buté. Mère froide ou lointaine. Psychorigidité.

Lune en Verseau

Bien aspectée : nature anticonformiste. Soif de nouveauté. Esprit créatif, inventif et novateur. Émancipation précoce. Clairvoyance et prémonitions. Esprit avant-gardiste. Mère originale.

Mal aspectée : difficultés à s'intégrer dans la société. Revendication de sa différence. Excentricité.

Lune en Poissons

Bien aspectée : sujet d'une grande émotivité ou d'une hypersensibilité. Relations familiales fusionnelles. Soif d'inconnu et de lointain. Intérêt pour les actions sociales ou humanitaires.

Mal aspectée : inquiétudes, hypocondrie, doutes, craintes, interrogations existentielles. Personnalité cyclothymique.

La Lune en maison

Lune en I

Bien aspectée : belle sensibilité et forte intuition. Tempérament artistique et créatif. Influence positive des femmes ou importance de la mère. Bonne renommée. Reconnaissance. Popularité (si le thème le confirme). Mal aspectée : insouciance, hyperémotivité, instabilité, changements d'humeur…

Lune en II

Bien aspectée : natif aspirant à la sécurité professionnelle et matérielle. Activité en relation avec les enfants, les autres, une clientèle ou un public. Travail à la maison. Mal aspectée : difficultés à gérer un budget. Hauts et bas professionnels. Manque de constance ou de détermination…

Lune en III

Bien aspectée : adaptabilité, curiosité, extraversion. Grande capacité d'échanges. Idées, ingéniosité. Bonne relation avec la mère ou la famille. Sensibilité et intuition exacerbées. Déplacements et écrits favorisés. Mal aspectée : changements d'humeur fréquents, états d'âme, instabilité, tendance à s'inventer des histoires, milieu familial trouble…

Lune en IV

Bien aspectée : importance de la mère ou des parents. Position propice à l'achat de son lieu de vie. Recherche de sécurité. Lieu de vie permettant de se ressourcer. Mal aspectée : hypersensibilité mal vécue, déménagements source d'inquiétude, peur de l'inconnu ou de l'avenir. Relations familiales complexes.

Lune en V

Bien aspectée : belle créativité. Personnalité charismatique et instinctive. Vie amoureuse et familiale épanouissante. Désir d'enfant(s). Intuition exacerbée.

Mal aspectée : multiplication des conquêtes et des aventures. Vie amoureuse ou familiale compliquée. Hypersensibilité. Égocentrisme, égoïsme.

Lune en VI

Bien aspectée : désir de rendre service. Personnalité attachante, douce et aimante. Dévouement envers les autres. Travail lié aux enfants, au social, aux services, à l'esthétique ou à la coiffure. Activité en relation avec une clientèle.

Mal aspectée : manque de concret. Angoisses. Santé fragile. Changements fréquents de travail.

Lune en VII

Bien aspectée : position favorable à l'épanouissement conjugal. Vie amoureuse équilibrée. Associations professionnelles enrichissantes. Natif attentif et à l'écoute des autres. Diplomatie.

Mal aspectée : vie amoureuse ou sociale parfois compliquée. Problème juridique avec un membre de la famille. Associations douteuses.

Lune en VIII

Bien aspectée : capacité à aller au-delà des apparences. Facilité à se remettre en question. Si le thème le confirme, médiumnité ou facultés psi. Héritage familial (financier ou génétique) influençant la vie du natif.

Mal aspectée : épreuves familiales, relations difficiles avec la mère, deuils divers…

Lune en IX

Bien aspectée : attirance pour l'inconnu ou l'étranger. Besoin de liberté. Idéalisme. Attrait pour l'astrologie

ou la spiritualité. Natif vif et intrépide. Imagination débordante.
Mal aspectée : absence de la mère ou éloignement de la famille, déceptions multiples, aventures sans lendemain, laisser-aller.

Lune en X

Bien aspectée : position propice à la reconnaissance, la popularité ou l'épanouissement personnel. Les femmes influenceront la vie du natif. Métier en relation avec la Lune et le signe qui l'accueille.
Mal aspectée : carrière faite de hauts et de bas, mère distante, difficultés à garder les pieds sur terre.

Lune en XI

Bien aspectée : les amis ou les relations ont un impact positif dans la vie du natif. Personnalité éclairée. Clairvoyance très développée. Avant-gardisme. Projets novateurs ou pionniers.
Mal aspectée : vie faite de changements réguliers, déceptions amicales, projets difficiles à réaliser…

Lune en XII

Bien aspectée : belle intuition et juste perception de son environnement. Intérêt pour l'inconnu ou l'invisible. Relations fusionnelles avec la mère. Grande imagination.
Mal aspectée : famille source de mal-être ou de souffrance, relations à la mère difficiles, enfermement émotionnel et psychologique…

Le Soleil

Il met 365 jours pour faire le tour du zodiaque et reste environ un mois dans un signe.
Il gouverne le signe du Lion.
Il a une grande importance puisqu'il détermine de quel signe nous sommes. Symboliquement, il représente le Moi et le Soi. Il incarne la conscience de l'individu. D'une certaine façon, il donne des éléments qui permettront de comprendre comment un sujet va se réaliser ou quelle place il occupe. Dans un thème, le Soleil est en lien avec l'idée de croissance, de créativité, de discernement, de capacité à décider, de maîtrise de soi. C'est lui qu'il faut « étudier » pour connaître les relations avec le père ou le partenaire.

En dominance (sur l'ascendant, le Mc, la Lune)

Bien aspecté, il confère bonne humeur, vitalité, facilité d'action, clarté d'esprit, optimisme, honnêteté, loyauté, autonomie ainsi qu'un grand pouvoir de séduction. Mal aspecté, il rend égoïste, égocentrique, narcissique, orgueilleux, vaniteux et jaloux.

Orientations en relation avec cette planète

Métiers de management et de direction, carrière dans la culture, l'enseignement, les relations publiques, l'art, la décoration, l'audiovisuel, le luxe, l'esthétique, la parfumerie, une activité indépendante, l'ophtalmologie, la cardiologie, l'éclairage…

INFOS
Comme le Soleil correspond à la personnification de votre signe astro, seule la position en maison sera étudiée ici.

Le Soleil en maison

Soleil en I

Bien aspecté : aura, charisme, magnétisme, forte personnalité, désir de réussite, besoin de reconnaissance, ambition bien dirigée, possibilité de sortir du lot, belle énergie. Réalisation personnelle.

Mal aspecté : sujet centré sur lui-même, égoïste, excessif… Ambition dévorante.

Soleil en II

Bien aspecté : capacité pour le natif d'exploiter au mieux son potentiel ou ses richesses intérieures. Bonne gestion des finances. Reconnaissance au travail. Réussite professionnelle facilitée.

Mal aspecté : tendance à la dispersion, aux doutes, difficultés à gérer son budget ou ses ressources…

Soleil en III

Bien aspecté : belle capacité à communiquer, importance des amis ou des relations dans la vie du sujet. Activité en lien avec les écrits, les échanges, les déplacements. Position propice aux études.

Mal aspecté : superficialité, sentiment de supériorité, insouciance, doutes, fuite de la réalité…

Soleil en IV

Bien aspecté : épanouissement familial. Bonnes relations avec le père. Besoin d'équilibre et de

stabilité. Lieu de vie tenant une place importante chez le sujet. Sens de la propriété. Parfois grande faculté intuitive.
Mal aspecté : isolement, timidité, manque de persévérance ou de réalisme, peurs.

Soleil en V

Bien aspecté : confiance en soi, dynamisme, sens de la synthèse, esprit vif et éclairé, besoin de reconnaissance. Réussite personnelle, amoureuse ou familiale, voire artistique…
Mal aspecté : difficultés à trouver son équilibre sentimental ou familial. Désir de plaire démesuré et continuel.

Soleil en VI

Bien aspecté : sens du service. Dévouement. Bon esprit d'analyse. Sujet concret et réfléchi. Affirmation dans le travail. Activité touchant aux soins, à l'aide, à l'écoute, au manuel, à la recherche…
Mal aspecté : peur de l'avenir, quête de confort, manque de confiance en soi, difficultés à s'imposer.

Soleil en VII

Bien aspecté : bel épanouissement amoureux. Mariage heureux. Associations bénéfiques. Bonne entente dans le couple. Relations positives avec le père. Amitiés importantes et porteuses.
Mal aspecté : problème pour trouver son équilibre sentimental. Déception dans les relations.

Soleil en VIII

Bien aspecté : grande capacité à se remettre en question. Sujet en constante évolution. Aptitude à

aller au fond des choses ou à dépasser les apparences. Métier en relation avec le secteur VIII.
Mal aspecté : tendances autodestructrices, cynisme, santé ou sexualité affaiblie, problèmes avec le père…

Soleil en IX

Bien aspecté : soif de nouvelles connaissances. Esprit vif et curieux. Quête de découverte et d'ailleurs. Grande ambition. Intérêt pour la spiritualité, l'astrologie et le magnétisme. Belle énergie.
Mal aspecté : difficultés à se poser et à trouver sa place. Vie professionnelle faite de hauts et de bas.

Soleil en X

Bien aspecté : capacité à s'élever sur l'échelle sociale ou professionnelle. Réussite professionnelle. Besoin de se construire une situation stable et solide. Forte présence du père ou du partenaire.
Mal aspecté : sujet carriériste à l'extrême et prêt à tout pour réussir. Isolement, froideur, solitude.

Soleil en XI

Bien aspecté : les amis tiennent une place importante dans la vie du natif. Sujet avant-gardiste, ouvert d'esprit, curieux, toujours en quête de nouveauté. Réussite dans les projets audacieux.
Mal aspecté : sujet anticonformiste, marginal qui a du mal à s'intégrer dans la société.

Soleil en XII

Bien aspecté : attirance pour le mystère et le spirituel, capacité à démêler le vrai du faux, personnalité intuitive. Aptitudes pour aider les autres. Bonne gestion des énergies.

Mal aspecté : sujet en proie au mal-être et aux doutes existentiels. Enfermement, solitude, marque de l'enfance ou en relation avec le père…

Mercure

Elle met entre 15 et 20 jours pour parcourir un signe, sauf lorsqu'elle rétrograde où elle peut y passer 65 à 68 jours. Mercure rétrograde trois fois dans l'année. Il lui faut environ un an pour faire le tour du zodiaque.
Elle gouverne les Gémeaux et la Vierge.
Cette planète prend la couleur du signe, de la maison qu'elle occupe ainsi que des planètes qu'elle côtoie. C'est le symbole de la communication, de l'intellect, du raisonnement, de l'adaptabilité, de l'habileté, des déplacements, du ou des frères, des collaborateurs, des amis. Parfois, elle peut être facteur de chance… Dans un thème, elle donne des informations sur la manière de penser, d'agir, de communiquer, sur les centres d'intérêt et les connaissances acquises d'un natif. En relation avec l'argent, Mercure renseigne également sur la manière de dépenser ou de gagner l'argent. Mal aspectée, elle sera signe de bavardage, de dispersion, de légèreté, d'insouciance, de nervosité, voire parfois de mythomanie…

En dominance

Bien aspectée, elle donne au natif une grande capacité de communication et de concentration. Elle permet d'être adaptable et agile. Elle rend cérébral.
Mal aspectée, elle rend nerveux, insouciant, dispersé, cynique, instable…

Orientations en relation avec cette planète

Les métiers de communication, le commerce, le journalisme, le médical ou paramédical, l'écriture, le secrétariat, les « voyages » régionaux, les négociations, l'informatique, la recherche, l'enseignement, l'audiovisuel…

Mercure dans les 12 signes

Mercure en Bélier

Bien aspectée : grande vivacité et rapidité intellectuelle. Capacité à agir et réagir. Sujet impulsif, fougueux, spontané et direct. Besoin de nouveauté et de défis. Échanges passionnés avec les autres. Mal aspectée : personne irréfléchie, changeante, impétueuse, colérique, irritable, sanguine…

Mercure en Taureau

Bien aspectée : sujet concret, réfléchi, posé, observateur et raisonné. Besoin de comprendre les choses. Amis fiables et sincères. Facilité dans le domaine de la finance, l'immobilier ou la restauration…
Mal aspectée : difficultés à exprimer ses émotions, timidité, problèmes de communication, mauvaise foi.

Mercure en Gémeaux

Bien aspectée : personne curieuse, ouverte, communicative, adaptable, sociable, joueuse, espiègle. Goût pour les voyages ou intérêt pour les autres. Position propice à l'écriture ou aux activités d'échange.
Mal aspectée : légèreté, dispersion, manque de constance, esprit manipulateur…

Mercure en Cancer

Bien aspectée : sujet rêveur, imaginatif et intuitif. Bonne capacité d'écoute et de compréhension. Position favorable aux bons échanges familiaux. Lien avec une clientèle. Sens artistique poussé.

Mal aspectée : natif changeant, irrationnel, fantasque, contemplatif, infantile, capricieux, volage, peureux.

Mercure en Lion

Bien aspectée : éloquence, grande lucidité d'esprit, liberté d'expression, aisance dans les échanges, extraversion, soif de savoir, spontanéité, rapidité de réaction, franchise. Parfois, chance dans les affaires.

Mal aspectée : besoin d'avoir une cour pour se sentir exister, théâtralité, arrogance, duplicité.

Mercure en Vierge

Bien aspectée : sujet hyper-cérébral, désir de tout analyser et de tout comprendre, bon sens critique, esprit du détail, méthode, organisation. Positif pour les travaux de concentration et de recherche.

Mal aspectée : raisonnement excessif, pudeur, manque de spontanéité, réserve, timidité maladive…

Mercure en Balance

Bien aspectée : importance des autres et des amis dans la vie du natif. Facilité de contacts, diplomatie, écoute, belle capacité à conseiller, aptitude à exprimer ses émotions ou ses ressentis.

Mal aspectée : hésitation, insatisfaction ou instabilité, déceptions amoureuses, aventures multiples…

Mercure en Scorpion

Bien aspectée : grande profondeur d'esprit, soif de connaissance, curiosité, capacité à aller au-delà des apparences, intérêt pour l'inconnu ou le mystère.

Mal aspectée : tendance au mensonge, manque de sincérité, cynisme, sujet capricieux, entêtement, problèmes psychologiques ou nerveux…

Mercure en Sagittaire

Bien aspectée : goût des voyages et de la découverte. Besoin d'action. Grande curiosité, soif de savoir et désir de conquêtes. Extraversion. Facilité dans les échanges. Intérêt pour l'ailleurs, l'astrologie, la spiritualité…

Mal aspectée : hyperindépendance, superficialité, parole non tenue…

Mercure en Capricorne

Bien aspectée : sujet « hyper » raisonné, esprit d'une grande logique, méthode, organisation, sens de l'analyse, cercle relationnel ou amical réduit. Position propice pour la recherche, les sciences, la technologie…

Mal aspectée : grande froideur, difficultés de communication, entêtement, rigidité d'esprit.

Mercure en Verseau

Bien aspectée : grande vivacité d'esprit, inventivité, avant-gardisme, aisance dans les échanges, importance de l'amitié, métiers en lien avec les nouvelles technologies, la science, l'aviation, les voyages, l'audiovisuel… favorisés.

Mal aspectée : hyperindépendance, dispersion, extravagance, inflexibilité…

Mercure en Poissons

Bien aspectée : empathie, intérêt pour les autres, adaptabilité, intuition. Attirance pour les voyages, les déplacements. Grande subtilité d'esprit. Attention, bienveillance.

Mal aspectée : esprit confus, imagination trop grande source d'illusions et de mirages. Manque de structure, naïveté, influençabilité…

Mercure en maison

Mercure en I

Bien aspectée : sujet communicatif, adaptable, vif, tendance à tout rationaliser. Esprit ingénieux. Importance des échanges, des déplacements ou des voyages.

Mal aspectée : difficultés à se fixer, besoin de mouvements et de changements constants. Sur-intellectualisation. Bavardage. Nervosité.

Mercure en II

Bien aspectée : esprit rationnel et posé. Besoin de comprendre le fonctionnement des choses. Position propice à l'investissement ou à la capitalisation des biens. Métier en relation avec Mercure.

Mal aspectée : difficultés de concentration, tendance à courir deux lièvres à la fois, pertes financières…

Mercure en III

Bien aspectée : excellente position pour tous les métiers de communication, de recherche, d'écriture ou de déplacements… Aptitude pour les échanges. Possible clientèle. Importance de l'amitié. Curiosité d'esprit.

Mal aspectée : difficultés dans les études ou avec les frères et sœurs, bougeotte…

Mercure en IV

Bien aspectée : bon sens de l'hospitalité, bons échanges avec la famille. Position propice au travail chez soi ou aux activités en lien avec le commerce, la psychologie, l'immobilier… Déménagements fréquents. Mal aspectée : manque de structure, incompréhensions familiales, instabilité…

Mercure en V

Bien aspectée : bonne capacité à exprimer ses sentiments. Besoin de passion pour s'intéresser à un domaine. Bonnes relations avec les enfants. Nombreuses expériences amoureuses.

Mal aspectée : vie amoureuse compliquée, aventures sans lendemain, sujet dépensier, problèmes de communication avec les enfants.

Mercure en VI

Bien aspectée : esprit structuré et raisonné. Bonne analyse des situations. Travail demandant précision et organisation ou activité en relation avec le médical, le social, le commerce, les sciences…

Mal aspectée : difficultés à se fixer des objectifs. Tempérament nerveux et stressé. Indiscipline.

Mercure en VII

Bien aspectée : bonne position pour les échanges. Excellente relation avec le (la) partenaire et bonne entente. Chance dans les associations, les rencontres ou les contrats. Le commerce, le juridique et les négociations sont favorisés.

Mal aspectée : instabilité dans les relations, le travail ou l'affectif…

Mercure en VIII

Bien aspectée : esprit critique très développé. Grande adaptabilité. Intérêt pour le mystère, l'insondable, la littérature, la mort, le crime, le médical, la psychologie, les finances… Belle intuition.

Mal aspectée : personne piquante, ironique, cynique, colérique, dualité sexuelle, problèmes avec la fratrie ou l'argent.

Mercure en IX

Bien aspectée : attirance pour l'étranger et les voyages. Esprit vif, entreprenant et adaptable. Besoin d'action et de mouvements au quotidien. Inspiration. Hautes études possibles. Intérêt pour la spiritualité ou la science.

Mal aspectée : instabilité, bougeotte, fuite, insatisfaction, manque de constance…

Mercure en X

Bien aspectée : tous les métiers de contact ou de recherche sont favorisés. Soif de voyages et d'horizons nouveaux. Adaptabilité. Aisance dans les échanges. Accumulation de connaissances.

Mal aspectée : instabilité professionnelle, difficultés dans les relations avec une hiérarchie, superficialité…

Mercure en XI

Bien aspectée : importance des amis, des relations et des contacts dans la vie du natif. Sensibilité aux questions sociales. Esprit novateur. Lucidité. Idées avant-gardistes. Métiers possibles dans l'aéronautique, les voyages, le tourisme, la science…

Mal aspectée : bavardage, manque de détermination, extrémisme…

Mercure en XII

Bien aspectée : sujet intéressé par les mystères et l'inconnu. Très grande imagination et intuition. Amabilité, sociabilité malgré une certaine timidité. Activité pouvant être en relation avec le signe des Poissons.

Mal aspectée : perte de réalité, insouciance, adolescence et études difficiles. Angoisses.

Vénus

Elle met entre 224 et 288 jours pour faire le tour du zodiaque et un peu plus de 20 jours pour parcourir un signe.
Elle gouverne le Taureau et la Balance.
C'est la planète de la beauté, des plaisirs, de l'affectif, de la fécondité, de la sensibilité, de la sensualité, du magnétisme, de la souplesse, de l'harmonie. Dans un thème, elle renseigne sur la manière d'aimer, de plaire, de vivre sa sexualité, sur les aspirations du natif, sur son potentiel créatif. Appelée également la Petite Fortune, elle est signe de chance. Elle donne des informations sur la vie sentimentale ou conjugale. Mal aspectée, elle se teinte de jalousie, de possessivité et évoque souvent des problèmes amoureux.

En dominance (sur l'ascendant, le Mc, le Soleil ou la Lune)

Bien aspectée, elle rend doux, attentif, agréable à vivre, affectueux, sociable, bon vivant et créatif. Les personnes marquées par Vénus donnent une grande importance à leur vie sentimentale ou possèdent un fort potentiel artistique. En mauvais aspect, elle rend frivole, superficiel, léger, passif. Dans ce cas de figure, elle est le signe d'un parcours amoureux compliqué.

Orientations en relation avec cette planète

Les métiers artistiques (peinture, danse, chant, sculpture), la mode, la joaillerie, le design, la décoration, la coiffure, l'esthétique, l'art floral, la restauration, les métiers de bouche, la diplomatie, le conseil, les relations publiques, les loisirs…

Vénus dans les 12 signes

Vénus en Bélier

Bien aspectée : amours passionnées. La nature du sujet est spontanéité et générosité. Fraîcheur, ardeur, volupté. Position prédisposant aux coups de foudre.
Mal aspectée : parfois indice d'aventures sans lendemain, d'emballement, de dépenses irréfléchies, de sexualité débridée, d'infidélité…

Vénus en Taureau

Bien aspectée : sensualité, douceur, rondeur, bienveillance, fidélité, désir de construire un couple sur du long terme, gourmandise… Capacité à savourer chaque instant de la vie. Possible potentiel artistique.
Mal aspectée : possessivité, jalousie, difficultés à aimer ou à s'impliquer dans une relation.

Vénus en Gémeaux

Bien aspectée : légèreté d'esprit, insouciance, indolence… Sujet à la fois émotif et cérébral. Indice d'une vie amoureuse faite de multiples histoires ou aventures, voire de deux grandes relations. Parfois succès dans l'écriture.

Mal aspectée : instabilité amoureuse, infidélité, superficialité, mensonge…

Vénus en Cancer

Bien aspectée : natif d'une grande sensibilité et affectivité. Besoin d'équilibre et envie de construire une famille. Douceur, romantisme, idéalisme, foi en l'amour, recherche de l'âme sœur, conservatisme, fidélité…

Mal aspectée : infantilisme, influençabilité, indolence, paresse, hyperémotivité…

Vénus en Lion

Bien aspectée : grande loyauté de cœur. Personne aimable, généreuse et chaleureuse. Amour du beau. Être passionné et idéaliste. Natif apprécié des autres. Bonne estime de soi. Créativité.

Mal aspectée : susceptibilité, amour excessif de sa personne ou mal-être, infidélité, débordements…

Vénus en Vierge

Bien aspectée : capacité à analyser ses émotions et sentiments, quête d'équilibre et de stabilité amoureuse, dévouement, application, désir de bien faire, rencontre de l'être aimé durant la seconde partie de vie.

Mal aspectée : froideur, difficultés à aimer, introversion, pudeur excessive, manque d'émotions…

Vénus en Balance

Bien aspectée : gentillesse, douceur, bonne humeur, légèreté, fantaisie, créativité, délicatesse, désir de couple ou de vie à deux, quête constante d'équilibre et d'harmonie. Chance dans les métiers vénusiens.

Mal aspectée : inconstance, doutes amoureux, instabilité émotionnelle, frivolité, superficialité…

Vénus en Scorpion

Bien aspectée : sensualité, sex-appeal, séduction, charisme, beau magnétisme, capacité à cacher sa nature profonde afin de montrer le meilleur de soi.

Mal aspectée : névrose, tourments émotionnels, vie amoureuse ou sexualité compliquée, manque d'amour, problématiques avec les femmes…

Vénus en Sagittaire

Bien aspectée : quête d'un idéal amoureux, fuite de l'ennui et de la médiocrité, amour passionné ou en relation avec l'étranger. Appétit de vivre. Union libre. Bienveillance, douceur et attention.

Mal aspectée : passion(s) dévorante(s), infidélité, excès en tout genre, extraversion ou extravagance…

Vénus en Capricorne

Bien aspectée : désir d'authenticité, besoin de stabilité amoureuse, quête d'une relation durable… Nature parfois timide et réservée. Expression des émotions après analyse.

Mal aspectée : vie amoureuse difficile, solitude, sécheresse du cœur, distance, peur des sentiments, contrôle des émotions…

Vénus en Verseau

Bien aspectée : ami attentionné et agréable à côtoyer, douceur, écoute et gentillesse. Plus propice à l'union libre qu'au mariage, fantaisie, fuite de la morosité et des habitudes, amitié amoureuse…

Mal aspectée : vie sentimentale compliquée ou faite de plusieurs unions, futilité, hyperindépendance…

Vénus en Poissons

Bien aspectée : compassion, empathie, attachement à l'autre, idéalisme amoureux, quête sentimentale utopique, amour fusionnel. Grande émotivité.

Mal aspectée : vie amoureuse confuse, perte d'identité lors d'une relation, infidélité, hyperémotivité, sensiblerie exacerbée, illusions…

Vénus en maison

Vénus en I

Bien aspectée : personne douce, aimable, charmante et créative. Symbole de chance et d'épanouissement. Métier artistique ou en relation avec le goût, voire le beau possible. Grand besoin d'amour.

Mal aspectée : manque de confiance en soi ou en l'amour, possessivité, jalousie, vanité, infidélité, vie amoureuse compliquée…

Vénus en II

Bien aspectée : attachement au matériel. Natif bon vivant et gourmand. Besoin de confort. Quête de sécurité. Tend à s'investir autant en amour que dans les affaires. Métier en lien avec les orientations vénusiennes.

Mal aspectée : excès en tout genre, possessivité à l'extrême, personne matérialiste ou superficielle.

Vénus en III

Bien aspectée : personnalité chaleureuse, généreuse, sociable et ouverte. Grand sens de l'amitié. Sensibilité artistique (littérature, peinture, dessin, danse…). Amitié amoureuse ou besoin de réciprocité amoureuse.

Mal aspectée : vie sentimentale décousue, confusion, dispersion, légèreté…

Vénus en IV

Bien aspectée : grand besoin d'équilibre et de sécurité. Épanouissement passant par le couple et la famille. Symbole de dévouement et d'un grand sens de l'hospitalité.

Mal aspectée : peur de la solitude et de l'isolement. Extrême sensibilité aux regards des autres ou de la famille. Insatisfactions.

Vénus en V

Bien aspectée : magnétisme et charisme. « Don » artistique. Capacité à s'épanouir en amour, en famille ou dans ses projets. Tempérament enjoué et gai.

Mal aspectée : flirts et aventures rythment le destin du natif, incapacité ou difficultés à se stabiliser en amour, plaisirs futiles…

Vénus en VI

Bien aspectée : les difficultés de la vie sont amoindries ou allégées. Le natif cherche l'équilibre et l'harmonie dans tous les domaines. Caractère affectueux et agréable à vivre. Métier en relation avec Vénus.

Mal aspectée : insatisfactions, tendance à l'excès qui nuit à la santé, dépréciation de soi…

Vénus en VII

Bien aspectée : position favorable à la vie amoureuse et aux unions, voire aux associations. Personnalité sociable, douce, aimante et chaleureuse. Reconnaissance dans son milieu.

Mal aspectée : difficultés à trouver l'amour ou à en construire un, relations amicales source de déceptions, jalousie…

Vénus en VIII

Bien aspectée : tempérament passionné. Sensualité. Sex-appeal. Importance de la sexualité. Extrême sensibilité ou grande émotivité.

Mal aspectée : peur de l'abandon ou de la perte de l'amour, crises sentimentales, problèmes familiaux ou d'héritage, mauvaise image de soi…

Vénus en IX

Bien aspectée : goût des voyages, de l'évasion ou du spirituel. Besoin de contacts et de découvrir le monde qui l'entoure. Personnalité idéaliste. Parfois, amour en lien avec l'étranger.

Mal aspectée : vie sentimentale empreinte de changements, insatisfactions menant à l'instabilité, indépendance de cœur.

Vénus en X

Bien aspectée : position facteur de chance et de reconnaissance. Personne aimable, sociable, chaleureuse et affectueuse. Importance de la vie amoureuse. Carrière en relation avec Vénus.

Mal aspectée : besoin de plaire à l'extrême, narcissisme, tendance à l'exagération, personnalité théâtrale…

Vénus en XI

Bien aspectée : besoin d'harmonie et de complicité dans les relations. Quête d'un idéal amoureux. Amitiés amoureuses. Union libre. « Popularité » dans un domaine en lien avec Vénus.

Mal aspectée : incapacité à vivre en couple ou à construire une relation, déceptions amicales, projets utopistes…

Vénus en XII

Bien aspectée : attrait pour le domaine spirituel ou l'inconnu. Empathie. Recherche de fusion en amour. Quête personnelle. Hypersensibilité bien vécue.

Mal aspectée : hyperémotivité. Difficultés à exprimer ses émotions. Vie sentimentale tumultueuse. Perte d'identité. Manques affectifs.

Mars

Elle fait le tour du zodiaque en 528 à 687 jours, et reste entre 44 et 57 jours dans un signe. Elle rétrograde tous les deux ans pour une durée de 57 à 80 jours.
Elle gouverne les signes du Bélier et du Scorpion.
Cette planète symbolise l'énergie, la vigueur, la force, la combativité, le courage, mais également l'impulsivité, l'instinct de survie, la passion, les initiatives… Certains astrologues la voient comme un astre négatif empreint de violence. Dans un thème, selon sa position et les aspects qu'elle reçoit, Mars met en lumière les forces et les faiblesses du natif, de même que sa capacité à agir ou réagir et entreprendre. Qu'elle soit positive ou négative, son emplacement renseigne sur la profession et l'image de l'homme recherché ou de la masculinité vécue du sujet étudié. Mal aspectée, elle pointe du doigt les blocages ou les tensions qui peuvent préoccuper le natif.

En dominance

Avec de bons aspects, elle donne une personnalité vive, passionnée et enflammée, dynamique, pleine de ressources, qui saura se dépasser et relever les défis que la vie lui présente.
Mal aspectée, cette planète est l'indice d'impatience, d'hyperactivité, de comportements à risques, de violence, de colères…

Orientation en relation avec cette planète

Les métiers physiques (sportif, entraîneur ou coach sportif, ouvrier du bâtiment, des travaux publics, déménageur…), à risques (pompier, gendarme, policier, cascadeur…), les activités de commandement, de direction ou de management, le médical (chirurgien, dentiste…), le paramédical (kinésithérapeute, acupuncteur…), parfois le magnétisme…

Mars dans les 12 signes

Mars en Bélier

Bien aspectée : personnalité combative, impulsive, franche, directe, audacieuse et passionnée. Besoin de vibrer au quotidien. Activité demandant implication ou défis.

Mal aspectée : manque de diplomatie, tempérament bagarreur, tendance à l'autodestruction, possessivité ou jalousie…

Mars en Taureau

Bien aspectée : sujet solide, volontaire et doté d'une grande résistance physique ou mentale. Capacité à se dépasser ou à faire face aux épreuves. Métiers en relation avec Mars.

Mal aspectée : personnalité extrêmement matérialiste et ambitieuse, tendance à percevoir les autres comme des rivaux…

Mars en Gémeaux

Bien aspectée : besoin d'action, soif de renouveau ou de connaissances. Activité changeante ou carrière faite de remises en question. Collaborations favorisées.

Mal aspectée : relations compliquées avec la fratrie ou les hommes, tendance à l'énervement, manque de maîtrise dans les paroles.

Mars en Cancer

Bien aspectée : grande résistance physique, ressources insoupçonnées, émotivité exacerbée ou intuition développée. Détermination, volonté, capacité à donner forme aux projets. Métier en lien avec le Cancer.

Mal aspectée : manque de dynamisme, recherche continuelle d'un but ou d'un idéal…

Mars en Lion

Bien aspectée : esprit d'entreprise, combativité, fierté, besoin de se positionner en héros, goût du risque, capacité à défendre ses intérêts, indépendance…

Mal aspectée : arrogance, égoïsme, ambitions démesurées, incapacité à reconnaître ses torts, excès en tout genre, caractère borné…

Mars en Vierge

Bien aspectée : implication dans le travail ou dans les entreprises, personnalité logique et méthodique, esprit critique, énergie mise au service des autres…

Mal aspectée : esprit manipulateur et calculateur, extrême rigidité d'esprit ou introversion, nervosité extrême, difficultés à vivre le stress.

Mars en Balance

Bien aspectée : capacité à faire des compromis, facilité à faire des choix, esprit épris de justice. Personnalité sociable et aimable. Quête d'harmonie et fuite des conflits. Métier en lien avec les autres.

Mal aspectée : émotivité exacerbée, recherche continue d'un idéal, insatisfactions, froideur…

Mars en Scorpion

Bien aspectée : personnalité riche et volcanique. Sujet courageux, volontaire, combatif qui ne lâche rien. Forte libido. Magnétisme et charisme.

Mal aspectée : tempérament irritable et revanchard, autodestruction ou violence à l'égard des autres, existence marquée par d'importantes remises en question…

Mars en Sagittaire

Bien aspectée : sujet en quête de mouvement et d'action. Goût prononcé pour les voyages, les défis, la nouveauté. Curiosité incitant à élargir ses horizons. Hyperindépendance. Grand idéalisme.

Mal aspectée : esprit querelleur ou violent, tendance à partir en croisade pour tout et rien, idéologie…

Mars en Capricorne

Bien aspectée : personne motivée, solide, ancrée, volontaire et résistante. Énergie mise au service des projets. Évolution professionnelle ou personnelle lente mais sûre.

Mal aspectée : inflexibilité, énergie mal dirigée ou mal contrôlée, difficultés à vivre les limites, refus de l'échec et des obstacles…

Mars en Verseau

Bien aspectée : personnalité originale qui a besoin de sortir des sentiers battus. Soif de nouveauté et de connaissances. Indépendance, dynamisme, entrain. Activité en relation avec le Verseau.

Mal aspectée : extrémisme, incapacité à accueillir les idées des autres, tendance à la marginalisation…

Mars en Poissons

Bien aspectée : ici, les émotions, les sentiments ou les intuitions sont démultipliés. Sujet en quête de passion et d'idéal. Tout est vécu de façon plus intense.

Mal aspectée : manque de constance, dispersion, passivité, tendance à se faire du mal, attirance pour tout ce qui est trouble…

Mars en maison

Mars en I

Bien aspectée : tempérament vif et dynamique. Besoin d'action et de challenges. Goût de la conquête. *Leadership*. Capacité à défendre ses intérêts. Grande indépendance.

Mal aspectée : caractère autoritaire, colérique et bagarreur. Sujet jaloux, possessif ou violent. Irritabilité.

Mars en II

Bien aspectée : personne assez matérialiste désirant réussir financièrement. Quête d'équilibre et de réussite. Goût du travail et de l'effort. Capacité à croquer la vie à pleines dents. Activité en lien avec cette maison.

Mal aspectée : inflexibilité, fermeture d'esprit, manque de maîtrise, radinerie ou gaspillage…

Mars en III

Bien aspectée : spontanéité, sens de la repartie, vivacité et indépendance d'esprit, besoin de sortir du lot, fuite de l'ennui et de la morosité… Chemin dans l'écriture, l'enseignement ou les échanges possible. Mal aspectée : irritabilité, sautes d'humeur, difficultés à gérer son énergie, impulsivité…

Mars en IV

Bien aspectée : besoin de se construire une famille de cœur, investissement dans un lieu de vie, belles ressources énergétiques, esprit de famille très développé, volonté extrême.

Mal aspectée : tensions ou ruptures familiales, épreuves liées aux proches ou à son lieu de vie. Fin de vie difficile.

Mars en V

Bien aspectée : personnage passionné et enflammé. Besoin de vibrer au quotidien. Amour intense ou multiplication des aventures. Capacité à créer quelque chose…

Mal aspectée : amour tourmenté ou empreint de violences, désirs inassouvis source de frustrations, manque de maîtrise de soi…

Mars en VI

Bien aspectée : position propice aux activités de service. Grande capacité de travail ou grande résistance. Sujet structuré et volontaire.

Mal aspectée : ennui professionnel ou quotidien, difficultés à s'occuper, résignation, fatalisme, tendance à se laisser aller, manque d'entrain, problèmes de santé…

Mars en VII

Bien aspectée : les relations avec les autres sont constructives et source d'évolution. Natif sociable,

ouvert et communicatif. Les associations ou les unions sont protégées.
Mal aspectée : insociabilité, procès, ruptures de contrat, séparations dures ou divorces, conflits dans les relations avec les autres, partenaire violent…

Mars en VIII

Bien aspectée : belle capacité à se remettre en question et à renaître de ses cendres. Intuitions fulgurantes. Natif déterminé et volontaire. Sex-appeal. Libido exacerbée. Goût du risque et des challenges.
Mal aspectée : violence exprimée ou refoulée, auto-sabotage ou autodestruction, crises existentielles…

Mars en IX

Bien aspectée : sujet d'un grand dynamisme. Esprit de compétition, de conquête et du risque. Soif de challenges. Hyperindépendance. Activité touchant au sport, en relation avec la sécurité, les voyages, la spiritualité.
Mal aspectée : caractère sauvage et bileux. Difficultés à reconnaître ses torts, fanatisme…

Mars en X

Bien aspectée : sujet cherchant à tout contrôler. Fin stratège. *Leader* né. Grande capacité d'action. Compétitivité. Capacité à donner forme et à construire.
Mal aspectée : sujet colérique et capricieux. Esprit calculateur et manipulateur. Vie empreinte de grandes remises en question. Problème avec l'autorité. Ambition démesurée, jalousie…

Mars en XI

Bien aspectée : natif cherchant à sortir des sentiers battus. Besoin constant de nouveauté et

d'originalité. Désir de s'entourer de personnes ou d'amis dynamiques. Activité dans les échanges ou les nouvelles technologies.
Mal aspectée : autoritarisme, marginalisation, querelles amicales…

Mars en XII

Bien aspectée : position favorable pour les activités en lien avec les soins, la finance, l'irrationnel, les maladies mentales, les épreuves… Sujet extrêmement sensible et émotif. Grande empathie.
Mal aspectée : épreuves violentes, santé fragile, troubles psychologiques, amant « dans le placard », fausseté…

Jupiter

Elle parcourt le zodiaque en plus ou moins 12 ans et un signe en un an.
Elle gouverne le Sagittaire et les Poissons.
Très appréciée des astrologues, elle est nommée : la Grande Bénéfique. C'est un symbole d'épanouissement, de croissance, d'évolution spirituelle comme matérielle, d'énergie, de générosité, d'intégration, de discernement et d'expansion. C'est également la planète de la justice et des voyages. À double tranchant, elle est source de protection, d'excès et de punition. Dans un thème, au positif comme au négatif, elle informe dans quel domaine le natif aura le plus ou le moins de chance, voire de facilités. Le signe et la maison où elle se situe parlent donc du domaine où le sujet aura l'occasion de réussir, de s'épanouir et de se réaliser ou à l'inverse d'échouer.

En dominance

Bien aspectée, elle rend gai, enjoué, bienveillant, agréable à vivre et à côtoyer, curieux, rapide, efficace. Elle donne également compréhension et faculté d'assimilation, soif de connaissance et besoin de mouvement. Mal aspectée, elle rend imbu de sa personne, autoritaire, égocentrique, carriériste, arriviste, ambitieux et prêt à tout.

Orientation en relation avec cette planète

Les métiers à responsabilités (la politique, les postes de direction…), les activités publiques (domaines artistiques, médias…), la justice, l'administration (souvent les hautes fonctions), l'enseignement, la finance, le magnétisme, les voyages, le tourisme, le commerce, le conseil…

Jupiter dans les 12 signes

Jupiter en Bélier

Bien aspectée : personnalité extravertie, extravagante, enthousiaste, spontanée, directe, curieuse… Esprit combatif et passionné. Confiance en soi. Centres d'intérêt nombreux et changeants.
Mal aspectée : tendance à l'excès et à l'exagération. Tempérament irréfléchi, impatient, colérique… débordements.

Jupiter en Taureau

Bien aspectée : goût pour la bonne chère. Générosité. Quête de sécurité et de confort. Ambition. Besoin d'investir ou de faire fructifier ses avoirs. Protection dans le domaine financier et professionnel.
Mal aspectée : tempérament conservateur ou dépensier. Peu propice à l'équilibre amoureux ou financier.

Jupiter en Gémeaux

Bien aspectée : sujet extraverti, sociable, ouvert, communicatif et agréable à vivre. Grande capacité d'adaptation. Sens de l'à-propos, bonne compréhension des êtres ou des situations. Parfois spiritualité.

Mal aspectée : personnalité originale et extravagante. Bavardage, commérages, dispersion…

Jupiter en Cancer

Bien aspectée : personnage jovial, doux, attentif. Grand attachement aux racines et à la famille. Besoin d'un certain confort de vie. Créativité ou belle sensibilité…

Mal aspectée : conservatisme, manque de spontanéité, enfermement émotionnel, manque de réalisme ou de franchise, laisser-aller…

Jupiter en Lion

Bien aspectée : générosité, honnêteté, fiabilité, confiance en soi, optimisme, panache, magnétisme, charisme, ambition bien dirigée, désir d'être aimé ou remarqué.

Mal aspectée : excès de confiance en soi, égocentrisme, autosatisfaction, exhibitionnisme, culte de l'ego, tendance à se la raconter…

Jupiter en Vierge

Bien aspectée : sens du devoir ou du détail. Goût de la recherche. Besoin de comprendre le fonctionnement de son environnement. Soif de savoir. Application à l'extrême.

Mal aspectée : maniaquerie, cynisme, phobies, esprit obsessionnel, manque de confiance, peur de l'erreur…

Jupiter en Balance

Bien aspectée : sociabilité, émotivité et créativité, désir de bien faire, soif d'épanouissement. Besoin d'équilibre. Sens de la justice et de l'écoute. Capacité de négociation, de diplomatie ou de médiateur… Mal aspectée : peur de déplaire, manque d'assurance, opportunisme, infidélité, insouciance…

Jupiter en Scorpion

Bien aspectée : esprit fin et profond. Sujet passionné et charismatique. Désir de plaire. Vie émotionnelle et psychique très développée…

Mal aspectée : fierté démesurée, hyperémotivité ou sensiblerie, jalousie, possessivité, vénalité, manque de sincérité, peurs ou craintes existentielles…

Jupiter en Sagittaire

Bien aspectée : sens de l'aventure, optimisme, goût de vivre, tolérance, ouverture et curiosité d'esprit, besoin de nouveauté ou de mouvements, attrait pour l'étranger.

Mal aspectée : excès en tout genre, tendance « euphorique ou hystérique », hyperactivité, infidélité, manque de constance, ambition démesurée…

Jupiter en Capricorne

Bien aspectée : grande logique d'esprit, désir de réussite et de réalisation professionnelle. Droiture, sagesse, méthode, discipline, sérieux, endurance, *leadership*, matérialisme…

Mal aspectée : inflexibilité, manque de spontanéité, rigidité d'esprit, ambition mal définie ou démesurée…

Jupiter en Verseau

Bien aspectée : besoin de rompre avec la routine, altruisme, grande capacité à innover, tempérament extraverti et original. Goût pour le mouvement ou les voyages.

Mal aspectée : marginalité, idéalisme excessif, fanatisme ou extrémisme, autoritarisme, inconstance, influençabilité…

Jupiter en Poissons

Bien aspectée : douceur, sympathie, générosité, imagination, créativité et sensibilité très développées, empathie, désir d'équilibre, idéalisme social ou amoureux, goût des grands horizons.

Mal aspectée : dispersion, confusion, incapacité à gérer ses émotions, fabulation, troubles psychologiques, dépendances diverses, influençabilité, endoctrinement…

Jupiter en maison

Jupiter en I

Bien aspectée : personnalité extravertie et sociable. Ouverture et curiosité d'esprit. Charisme. Combativité. Désir de réussite. Position propice à la chance et à la reconnaissance.

Mal aspectée : tendance à l'excès, réactions irrationnelles et impulsives, orgueil, superficialité, extravagance…

Jupiter en II

Bien aspectée : évolution et réussite dans un métier en lien avec la maison 2. Sujet enjoué, volontaire. Facilités de négociations. Excellente position pour la « réussite » financière et professionnelle.

Mal aspectée : natif dépensier ou éparpillé. Quête continuelle d'un idéal, problèmes financiers, instabilité…

Jupiter en III

Bien aspectée : esprit vif et curieux. Goût pour les voyages et les échanges. Vie amicale ou sociale riche et variée. Réussite dans un domaine en lien avec le secteur III.

Mal aspectée : bavardages, ragots, déceptions amicales, manque de constance, instabilité, infidélité, manque de loyauté…

Jupiter en IV

Bien aspectée : sens accru de la famille, désir d'équilibre, générosité, bon sens de l'hospitalité, investissement heureux, fin de vie agréable, sujet apprécié de son entourage.

Mal aspectée : problèmes familiaux, difficultés à trouver son équilibre, peur de l'avenir, attachement excessif au passé…

Jupiter en V

Bien aspectée : sujet enjoué, bon vivant et enthousiaste. Belle créativité et intuition très développée, grande capacité à créer, nombreux projets source de satisfaction, désir d'équilibre sentimental ou familial…

Mal aspectée : dispersion, exagération des événements, excès en tout genre, vie amoureuse riche et fluctuante…

Jupiter en VI

Bien aspectée : excellente position pour tous les métiers en lien avec Jupiter. Vie agréable. Épanouissement personnel. Protection dans le domaine de la santé. Dévouement.

Mal aspectée : lassitude, ennuis divers, insatisfactions, existence faite de hauts et de bas. Problèmes de santé.

Jupiter en VII

Bien aspectée : grande capacité d'échange et d'écoute. Sens des affaires et des négociations. Vie amoureuse ou sociale préservée. Mariage(s) heureux. Associations ou collaborations enrichissantes. Métier en lien avec le secteur VII.

Mal aspectée : difficultés relationnelles, divorce(s), procès, ruptures de contrat…

Jupiter en VIII

Bien aspectée : charisme, magnétisme et « aura ». Intérêt pour le mystère ou l'invisible. Belle intuition. Élévation sociale grâce aux alliances ou à un mariage. Héritage familial gage de bien-être.

Mal aspectée : perte financière, désaccords commerciaux ou professionnels, spoliation, autodestruction…

Jupiter en IX

Bien aspectée : goût prononcé pour les voyages, étranger marquant la vie du natif ou un moment de sa vie. Quête de nouvelles connaissances. Conseil, écoute. Personnalité vive et entreprenante. Indépendance. Hyperactivité.

Mal aspectée : arrogance, égocentrisme, égoïsme, instabilité, infidélité…

Jupiter en X

Bien aspectée : belle position pour accéder à une position professionnelle confortable. Reconnaissance dans son domaine de compétences. *Leadership*. « Réussite » sociale.

Mal aspectée : arrivisme, opportunisme, personne prête à tout pour réussir, manque de moral, échecs divers, revers de fortune…

Jupiter en XI

Bien aspectée : grande capacité d'intégration sociale, vie amicale riche, ouverture et curiosité d'esprit, désir de nouveauté et de fantaisie, intérêt pour les domaines en lien avec le secteur XI.

Mal aspectée : anticonformisme, extravagance, déceptions sociales et amicales, projets source d'échecs…

Jupiter en XII

Bien aspectée : natif d'une grande sensibilité, capacité à se mettre à la place des autres, facultés psi très développées, soif ou désir d'inconnu. Ressources et force dans les épreuves. Métier en lien avec le secteur XII.

Mal aspectée : fuite de la réalité, difficultés sociales, troubles de la personnalité, épreuves insurmontables amenant à un changement de vie radicale…

Saturne

Elle met 29 ans et 267 jours pour parcourir le zodiaque, soit 2 ans et plus ou moins 5 mois pour traverser un signe.

Cet astre gouverne le Capricorne et le Verseau.

Appelée la Grande Maléfique, elle est peu appréciée car annonce des problèmes en tout genre. Toutefois, Saturne est avant tout la planète de la réflexion, de la maîtrise, de la structuration, de la maturité, de l'attente, de la patience, du temps, des retards et des oppositions, du renoncement ou du détachement. Dans un thème, sa position renseigne sur les capacités endormies qui ne demandent qu'à s'exprimer grâce au temps et l'expérience. C'est elle qui permet de mettre en évidence une faculté de voyance et de l'exploiter. D'autres fois, elle sera l'indice d'un blocage ou d'une épreuve qu'il faudra dépasser, voire sur un travail psychologique à entreprendre pour réussir à s'épanouir. Comme le Soleil, Saturne représente le père, la hiérarchie, le grand-père… Son emplacement donne également des informations sur le métier du natif.

Le premier ou le deuxième passage de Jupiter sur Saturne permet « d'accoucher » des capacités latentes de celle-ci.

En dominance (sur l'ascendant, le Mc, le Soleil ou la Lune)

Bien aspectée, elle donne sang-froid, maîtrise, persévérance, rigueur, méthode, esprit d'analyse, concentration, autosuffisance, grande connaissance de soi et maturité, timide. Mal aspectée, Saturne est synonyme de solitude, d'introspection, d'enfermement, de pessimisme, de fatalisme, de mauvais caractère…

Orientation en relation avec cette planète

Les activités de réflexion (la recherche, les sciences, la médecine…), les métiers de précision (technologie, informatique, horlogerie…). Les postes de direction, quel que soit le domaine, l'administration, la finance, l'agriculture, l'ostéopathie, la chiropractie, l'artisanat, la gériatrie, la gérontologie…

Saturne dans les 12 signes

Saturne en Bélier

Bien aspectée : énergie bien dirigée, contrôle des pulsions, capacité à faire preuve de patience, fin stratège, grande résistance physique, esprit discipliné et « militaire », détermination, volonté.

Mal aspectée : autoritarisme, difficultés de concentration ou besoin de tout contrôler, manque d'entrain…

Saturne en Taureau

Bien aspectée : extrême patience, volonté de construire, besoin d'ancrage et de stabilité, bonne gestion des émotions, objectifs concrets et réfléchis, ressources insoupçonnées.

Mal aspectée : peur du manque ou de la dépossession, rigidité d'esprit, sujet matérialiste, avarice, manque d'émotion, froideur…

Saturne en Gémeaux

Bien aspectée : grande discipline de l'esprit, sujet cérébral, besoin de tout analyser et comprendre, maîtrise des mots, discernement, soif de connaissance, besoin de s'entourer d'amis fidèles…

Mal aspectée : difficulté à se concentrer ou à gérer ses idées, introversion, mélancolie, manque de structure…

Saturne en Cancer

Bien aspectée : esprit conservateur, attachement aux habitudes et aux racines, quête perpétuelle d'harmonie et de sécurité, besoin de construire sur le long terme…

Mal aspectée : enfance difficile, manques affectifs, manque de confiance en soi, peurs diverses, enfermement psychologique…

Saturne en Lion

Bien aspectée : belle maîtrise de son énergie ou de ses aptitudes, désir de voir sa valeur reconnue, capacité à relativiser, fuite de la médiocrité, bon esprit de synthèse, recul sur sa propre personne, curiosité, caractère affirmé…

Mal aspectée : arrogance, arrivisme, tendances tyranniques, manque de confiance, peur de l'échec…

Saturne en Vierge

Bien aspectée : personne posée, réfléchie et méthodique à l'extrême. Sens du détail poussé, grande capacité d'observation et d'analyse, précision, tendance à aller au fond des choses…

Mal aspectée : tempérament renfermé, manque de spontanéité et de confiance en soi, sévérité, matérialisme…

Saturne en Balance

Bien aspectée : quête de justice et de vérité, recherche continuelle d'équilibre, fuite des situations compliquées, bonne capacité à décider, esprit logique et mesuré, intégrité…

Mal aspectée : peur de la solitude, déficience dans la capacité à gérer les émotions ou restriction émotionnelle, froideur, raideur, intransigeance…

Saturne en Scorpion

Bien aspectée : profondeur d'esprit, bonne gestion de ses énergies et ses craintes, intérêt pour l'inconnu et le mystère, besoin de comprendre le fonctionnement du monde, curiosité…

Mal aspectée : frustrations, limitations, inhibitions, peurs irrationnelles, froideur, pudeur, sujet manipulateur…

Saturne en Sagittaire

Bien aspectée : énergie parfaitement maîtrisée, connaissance de ses limites et de ses capacités, recherche personnelle, grande capacité de recul et de prise de distance, facilité à aller au-delà des apparences, spiritualité…

Mal aspectée : scepticisme, esprit buté, manque de constance et d'assurance…

Saturne en Capricorne

Bien aspectée : esprit d'une grande logique, besoin de tout maîtriser, soif de connaissance, sujet pragmatique

et ambitieux, sang-froid, résistance au stress, bonne capacité de récupération.
Mal aspectée : sujet intransigeant, solitaire et froid. Problème de communication, détachement à l'extrême, manque d'émotions…

Saturne en Verseau

Bien aspectée : grande capacité de discernement, clarté d'esprit ou clairvoyance, indépendance, désintéressement, idéalisme raisonné, logique, analyse, philanthropie.
Mal aspectée : difficultés à communiquer et à aller vers les autres, peur de l'autre, rigidité d'esprit, tempérament autoritaire…

Saturne en Poissons

Bien aspectée : belle maîtrise des émotions, bonne structure psychologique, capacité d'introspection, spiritualité ou intérêt pour l'invisible, besoin d'équilibre et d'harmonie.
Mal aspectée : dispersion, manque de cohérence ou de réalisme, illusions, instabilité émotionnelle, isolement psychologique, dépendance…

Saturne en maison

Saturne en I

Bien aspectée : sujet structuré, analytique, précis et rationnel. Excellente capacité d'introspection. Ambition et désir de réussir. Sérieux, détermination, efficacité, logique…
Mal aspectée : difficultés à s'épanouir, mésestime de soi, peurs existentielles, manque de structure et de logique, austérité, froideur…

Saturne en II

Bien aspectée : besoin de se construire une vie stable, sens des affaires, bonne gestion des finances, organisation structurée. Activité en relation avec le signe du zodiaque où se trouve Saturne.

Mal aspectée : tendance matérialiste, mauvaise gestion du temps et de l'argent, vie professionnelle ou financière faite d'obstacles…

Saturne en III

Bien aspectée : bonne maîtrise durant les échanges, amitiés solides et stables, esprit critique et structuré, goût de l'analyse, discipline de la pensée. Études ou écritures importantes dans la vie du natif…

Mal aspectée : excès ou manque de confiance, tendance solitaire, manque de spontanéité, problèmes dans les relations avec les sœurs ou les frères…

Saturne en IV

Bien aspectée : importance de la structure familiale ou de la mère, voire du père, quête de stabilité, besoin de sécurité et de confort matériel. Activité en lien avec la maison IV et le signe, occupés par Saturne.

Mal aspectée : conservatisme, morosité, manque de fantaisie et de flexibilité, sujet borné, problèmes avec le père…

Saturne en V

Bien aspectée : bonne gestion des émotions, maîtrise de soi, relation(s) amoureuse(s) stable(s), projets sur le long terme, fidélité et honnêteté. Besoin de reconnaissance.

Mal aspectée : manque de confiance en soi, difficultés ou épreuves sentimentales, solitude subie ou choisie, frustrations…

Saturne en VI

Bien aspectée : sujet méthodique et organisé au quotidien ou dans son travail. Importance de la discipline et du discernement, vie calme et posée…

Mal aspectée : personnalité brouillonne et décousue. Timidité, froideur, raisonnement à l'extrême, blocages divers, santé fragilisée, obstacles et retards…

Saturne en VII

Bien aspectée : quête d'équilibre amoureux ou professionnel. Bonne analyse des émotions ou des situations. Union avec une personne plus âgée ou tardive. Besoin de sécurité professionnelle.

Mal aspectée : sujet moralisateur, union(s) compliquée(s) et source de frustrations, célibat choisi ou imposé par la vie. Position prédisposant aux problèmes juridiques et administratifs.

Saturne en VIII

Bien aspectée : grande perspicacité, besoin d'aller au fond des choses, persévérance, relations complexes avec le père, métier en relation avec le secteur VIII et le signe où Saturne se trouve.

Mal aspectée : manque de repères, enfance et vieillesse difficiles, problèmes de santé, perte ou absence du père, peur de l'inconnu ou de vieillir, crises existentielles, autodestruction…

Saturne en IX

Bien aspectée : belle capacité de concentration,

bonne gestion des énergies ou des connaissances, sens critique, sagesse, prise de recul, travail pouvant avoir un lien ou conduire à l'étranger.
Mal aspectée : horizons limités, manque d'ouverture d'esprit, intolérance, peur de l'inconnu ou de l'autre…

Saturne en X

Bien aspectée : personnalité rationnelle et concrète. Objectivité. Goût de l'effort et du travail. Évolution professionnelle lente et solide, *leadership*, prédispose à de hautes fonctions…
Mal aspectée : carrière faite d'obstacles et de combats, réussite suivie d'un revers, difficultés sociales, problèmes avec le père ou la mère.

Saturne en XI

Bien aspectée : excellente structuration et utilisation des idées, esprit sensé et posé, capacité à consolider et à ancrer les projets dans le temps. Amitiés solides et sincères. Natif sélectif dans tous les domaines.
Mal aspectée : sentiment de limitation dans les projets et les entreprises, déceptions amicales, solitude ou difficultés à se faire des amis, indépendance…

Saturne en XII

Bien aspectée : bonne gestion des émotions ou de l'intuition, intérêt pour le mystère, sagesse d'esprit, besoin de se sentir utile, approche réaliste et sereine de la vie, métier en lien avec le secteur XII.
Mal aspectée : peur de l'isolement et de la maladie, problèmes de santé, solitude, enfermement, morosité, tristesse, tendances autodestructrices…

Les Transaturniennes

Les planètes qui se situent après Saturne sont souvent vues comme collectives. Ainsi, Uranus, Neptune et Pluton impactent-elles généralement toute une génération.
Pour bien les interpréter dans un thème, il faut surtout tenir compte de leur emplacement en maison et des aspects qu'elles reçoivent.

Uranus

Elle met plus ou moins 84 ans et 7 jours pour faire le tour du zodiaque et presque 7 ans pour traverser un signe.
Elle gouverne le Verseau.
Symbole de la nouveauté, du renouveau, de l'imprévu, Uranus empêche de tomber dans les habitudes. Astre de l'originalité, de l'indépendance, de l'abolition des tabous, de la libération, elle ouvre à l'inconnu, incite au dépassement de soi et parfois à la rébellion. C'est la planète de l'instinct du devenir, de l'intuition et de la clairvoyance. Dans un thème, son emplacement renseigne sur la manière de vivre les changements, les crises, les prises de conscience, l'éveil personnel. Symbole de l'avenir et de la précognition, Uranus entre souvent en jeu dans l'indication d'une faculté de voyance.

En dominance (sur l'ascendant, le Mc, le Soleil ou la Lune)

Uranus apporte indépendance d'esprit, besoin de liberté, originalité, anticonformisme et fantaisie. Positive, elle tend à élargir ses horizons, ses connaissances et son champ d'action. Elle rend adaptable, clairvoyant et intuitif. Affligée, elle donnera naissance à une personnalité emportée, contestataire, colérique, imprévisible, versatile, marginale…

Orientation en relation avec cette planète

Les métiers de l'audiovisuel (radio, télévision, presse écrite ou web…), les secteurs de l'aviation ou de l'aéronautique (navigant[e], pilote…), les technologies de pointe (informatique, web, électronique, robotique, radiologie), les nouvelles activités (influenceur, chercheur de tendances…), la politique, le social, l'écologie, l'enseignement supérieur, l'astrologie, la divination (tarologue, cartomancie)…

Uranus dans les 12 signes

Uranus en Bélier (1927 à 1934-35 / 2010 à 2018)

Bien aspectée : esprit vif et inventif, soif de nouveauté, goût des challenges, besoin de prendre des risques et de sortir des sentiers battus, capacité à se remettre en question…

Mal aspectée : personnalité impulsive, colérique, rebelle, marginale, risque-tout. Tendance à l'autosabotage.

D'un point de vue sociétal

Montée des tensions conduisant à la Seconde Guerre mondiale, agitations et protestations sociales (manifestations, rébellion…), attentats, accélération de la mondialisation et surconsommation…

Uranus en Taureau (1935-36 à 1941-42 / 2018-19 à 2025-26)

Bien aspectée : capacité à repousser ses limites, facilité à se ressourcer, aptitude à innover ou à transformer les situations, tempérament prévoyant, besoin d'investir sur l'avenir, actions sur le long terme…

Mal aspectée : personnalité entière, racée et butée. Jalousie, manque de perspective…

D'un point de vue sociétal

Fin de l'entre-deux-guerres, début de la Seconde Guerre mondiale, crise économique mondiale, période de changements sociétaux, apparition des premiers radars, début des essais nucléaires, crise ou prise de conscience écologique, tensions sociales…

Uranus en Gémeaux (1942-43 à 1948-49 / 2025-26 à 2032-33)

Bien aspectée : ouverture d'esprit, curiosité, avant-gardisme, soif de nouvelles connaissances, désir de fantaisie, extraversion, originalité, créativité, intuition, clairvoyance, goût des voyages…

Mal aspectée : esprit irrationnel et confus, crises identitaires, problèmes de communication, sautes d'humeur…

D'un point de vue sociétal

Fin de la Seconde Guerre et reconstruction mondiale, fondation de l'ONU, désir profond de fraternité après une crise majeure, création d'organisations permettant une meilleure gestion du monde, mondialisation, essor dans les échanges mondiaux…

Uranus en Cancer (1948-49 à 1955-56 / 2032-33 à 2039-40)

Bien aspectée : besoin de sortir des sentiers battus, grande originalité d'esprit, créativité, fantaisie, capacité d'adaptation, refus de rester sur les acquis, aptitudes intuitives très développées.

Mal aspectée : révolte contre le milieu familial, peur du devenir ou des remises en question, nervosité, humeur changeante…

D'un point de vue sociétal

Modification de la structure et des relations familiales. Apparition de la pilule contraceptive, premier *baby-boom*. Télévision trouvant sa place dans les foyers.

Uranus en Lion (1955-56 à 1961-62)

Bien aspectée : personnalité originale et théâtrale, grande indépendance d'esprit, autonomie, émancipation, talents créatifs, clarté d'esprit, prévoyance, charisme et magnétisme…

Mal aspectée : tempérament extrême, jalousie maladive, crises existentielles, besoin de tout contrôler, autorité excessive…

D'un point de vue sociétal

Ici, Uranus voit souvent les Hommes se rebeller contre les pouvoirs en place. C'est également le début de l'explosion des divorces (de quelque ordre qu'ils soient). On voit aussi l'émergence d'une nouvelle forme d'expression, pandémie : grippe asiatique.

Uranus en Vierge (1961-62 à 1968-69)

Bien aspectée : rapidité d'esprit ou d'analyse, organisation et prévoyance, bonne capacité à se remettre en question, besoin de se différencier, quête d'un idéal.

Mal aspectée : sur-analyse, peur de l'avenir, crainte de l'inconnu, difficultés d'adaptation ou incapacité à se remettre en question…

D'un point de vue sociétal
Ce cycle est mis sous le signe des avancées sociales et professionnelles, la curiosité est accrue, le désir de nouveaux modèles de vie également, pandémie : grippe de Hong Kong.

Uranus en Balance (1968-69 à 1974-75)
Bien aspectée : grande aptitude à négocier, vie sociale enrichissante et intense, besoin de liberté. Position propice aux unions libres. Capacités artistiques, soif de justice sociale…
Mal aspectée : difficultés à faire des choix ou à prendre des décisions, tempérament intraitable, divorce, problèmes juridiques…
D'un point de vue sociétal
La justice sociale est en expansion, les relations entre les êtres connaissent des changements profonds, ces générations cherchent à porter d'autres valeurs, les unions sont pensées et envisagées autrement, premier homme sur la Lune…

Uranus en Scorpion (1974-75 à 1980-81)
Bien aspectée : clairvoyance fortement développée, intérêt pour l'irrationnel, grande capacité de remises en question, esprit créatif et inventif, aptitude à la résilience, caractère franc et entier.
Mal aspectée : refus de se soumettre, marginalisation, tempérament colérique, tendance à la révolte…
D'un point de vue sociétal
Dans ce signe, il y a un certain éveil des consciences, d'autres façons de vivre voient le jour, la science et les médecines progressent, pandémie : Ebola.

Uranus en Sagittaire (1980-81 à 1987-88)
Bien aspectée : soif de nouveauté et d'aventure, goût des voyages, possible épisode de vie à l'étranger, natif sensible à la spiritualité ou aux religions, grande curiosité et ouverture d'esprit.
Mal aspectée : tendance à fuir les réalités de la vie, refus d'être comme les autres, anarchie, fanatisme…
D'un point de vue sociétal
Développement des longs courriers, début d'internet, premier ordinateur personnel, développement technologique dans l'aérospatiale, l'ONU vote une résolution pour lutter contre le sida…
Uranus en Capricorne (1987-88 à 1995-96)
Bien aspectée : grande clarté d'esprit et capacité d'analyse, sujet extrêmement prévoyant et organisé, travail sur le long terme, bonne appréciation des situations ou des personnes.
Mal aspectée : froideur, manque d'ouverture et de spontanéité ou impulsivité, tendance à l'aigreur ou à l'insatisfaction…
D'un point de vue sociétal
Chute du mur de Berlin, éclatement de l'URSS… Ici Uranus fait éclater les structures qui rassemblent ou qui séparent et offre un autre mode d'organisation, premier téléphone tactile…
Uranus en Verseau (1995-96 à 2003-04)
Bien aspectée : originalité, curiosité, besoin de mouvement et de nouveauté, goût pour les voyages, grande intuition, capacité à évoluer et à changer, défense des droits de l'Homme, intérêt pour l'écologie…

Mal aspectée : personnalité autoritaire et extrême dans ses comportements, manque de principes…

D'un point de vue sociétal

Expansion des téléphones portables et des forfaits mobiles. En France, application des 35 heures, réformes sociales, expansion informatique (ordinateur, internet), télévision par câble et nombreux choix de chaînes, attentats, accroissement du fanatisme religieux…

Uranus en Poissons (2003-04 à 2010-11)

Bien aspectée : idéalisme poussé, intérêt pour la nouveauté et l'inconnu, esprit visionnaire… Grandes capacités de médiateur, d'écoute et de compréhension des situations ou des êtres.

Mal aspectée : perte de réalité, difficultés à trouver sa place dans la société, quête d'absolu, influençabilité, courant sectaire…

D'un point de vue sociétal

Photographie numérique, essor des ordinateurs individuels, l'idéalisme conduit à de nouveaux conflits mondiaux (guerre d'Irak, par exemple), tsunami géant, attentats terroristes, crise économique (*Subprimes*), mort du pape Jean-Paul II, interdiction de fumer dans les lieux publics en France, élection de Barak Obama aux États-Unis…

Uranus en maison

Uranus en I

Bien aspectée : natif en quête de liberté, besoin de se différencier des autres, sociabilité, facilités

d'échanges, attirance pour l'étranger, vie amicale riche, capacité à se remettre en question…
Mal aspectée : tempérament radical et autoritaire, tendance à tout envoyer balader, marginalité…

Uranus en II

Bien aspectée : métier en relation avec la signification d'Uranus et du signe occupé. Tempérament prévoyant, capacité à faire des économies, besoin de nouveauté dans son travail…
Mal aspectée : vie financière ou professionnelle fluctuante, voire coup du sort dans ces domaines…

Uranus en III

Bien aspectée : esprit vif et innovant, créativité, rapidité de pensée, curiosité, soif de contacts, déplacements fréquents, avant-gardisme, sens de l'amitié, intérêt pour les études novatrices…
Mal aspectée : difficultés à trouver sa voie ou son équilibre, études interrompues ou problèmes dans la fratrie, remises en question fréquentes…

Uranus en IV

Bien aspectée : milieu familial original ou besoin de se différencier de ses parents, déménagements fréquents, sujet ayant besoin de se renouveler constamment, grande intuition ou clairvoyance.
Mal aspectée : début et fin de vie compliqués, marginalisation, refus d'être comme tout le monde, difficultés familiales, crises familiales à répétition, intuitions parfois handicapantes…

Uranus en V

Bien aspectée : spontanéité, inventivité, ingéniosité,

désir de fantaisie, soif d'aventure, besoin de multiplier les flirts, amours multiples, vie sentimentale sortant des sentiers battus, projets audacieux…
Mal aspectée : vie amoureuse surprenante faite de remises en question (divorces, séparations…), extravagance…

Uranus en VI

Bien aspectée : métier en lien avec Uranus et le signe dans lequel elle se trouve. Personnalité étonnante, originale et inventive. Capacité à rompre l'ennui. Besoin de nouveauté au quotidien.
Mal aspectée : crainte de l'imprévu, difficultés à se remettre en question, travail fait de hauts et de bas, lassitude, crises professionnelles possibles…

Uranus en VII

Bien aspectée : position propice à l'union libre, au chacun chez soi ou aux relations non conventionnelles. Mariage et association(s) improvisés. Vie sociale extrêmement riche.
Mal aspectée : divorce(s), licenciement(s), évolution dans un univers social décalé, crise(s) identitaire(s)…

Uranus en VIII

Bien aspectée : natif sachant se remettre en question et se renouveler. Sujet spontané et vif. Grand intérêt pour la recherche, le mystère, l'invisible, la divination. Capacité de résilience.
Mal aspectée : personnalité marginale, irascible et colérique. Tendance à la violence. Crises existentielles, chocs, accidents ou maladies possibles…

Uranus en IX

Bien aspectée : natif bon vivant, optimiste, dynamique

et entreprenant. Besoin de nouveauté et de mouvement. Fuite de l'ennui. Vie ou épisode à l'étranger, voyages. Éveil spirituel. Quête de connaissances.
Mal aspectée : tendance à fuir les situations oppressantes ou ses responsabilités, vie du natif rythmée par des breaks…

Uranus en X

Bien aspectée : sujet avant-gardiste, éclairé, indépendant, inventif et original. Vie professionnelle évolutive et changeante. Projets innovants ou entreprises sortant de l'ordinaire. Belles opportunités. Mal aspectée : refus de rentrer dans le moule, soif de changement, remises en question régulières…

Uranus en XI

Bien aspectée : tempérament sociable, ouvert, curieux, créatif, inventif et clairvoyant. Intérêt pour tout ce qui est moderne, nouveau ou innovant. Prédisposition pour l'astrologie. Vie amicale bien remplie mais changeante.
Mal aspectée : mauvaises fréquentations, attirance pour des personnes troubles, projets souvent utopistes difficilement réalisables…

Uranus en XII

Bien aspectée : recherche et éveil intérieur, capacité à dépasser les obstacles, belle intuition ou spiritualité, facilités à se ressourcer ou à récupérer, renouvellement d'idées…
Mal aspectée : hospitalisation(s), intervention(s) chirurgicale(s), marginalisation, fuite de la réalité, crises existentielles…

Neptune

Elle fait le tour du zodiaque en 163 ans et 155, voire 253 jours. Elle reste environ 14 ans dans un signe. Elle gouverne les Poissons.

Cet astre représente l'imagination, l'inspiration, l'empathie, l'intuition, la spiritualité, les horizons lointains mais également le flou, la dispersion, le manque de visibilité, les doutes et les troubles de toutes sortes, voire la perte d'identité. Dans un thème, son emplacement révèle la façon dont le natif vit l'intuition, ses émotions et son idéal de vie. Neptune renseigne sur la manière de s'intégrer dans la société. C'est l'une des planètes qui rentrent en jeu dans les composantes d'un thème pour déterminer une faculté de voyance. *Toutefois pour réussir à utiliser cette faculté, il est nécessaire que l'astre soit relié positivement à Saturne, à Mercure ou encore à un ascendant Terre.*

En dominance (sur l'ascendant, le Mc, le Soleil ou la Lune)

Si elle reçoit des aspects positifs (conjonction, sextile, trigone), Neptune rend adaptable, charmant, mystique, rêveur, inspiré, intuitif, émotif, voire hypersensible. Elle « donne » compassion, sensualité, douceur, sociabilité et bienveillance. Mal aspectée, le caractère du natif sera irrationnel. Dans ce cas-là, la confusion, l'incohérence de la pensée, le manque de structure, la schizophrénie, la mythomanie, les troubles (de la personnalité, de l'alimentation…), la dépendance à la drogue ou à l'alcool sont fréquents.

Orientation en relation avec cette planète

Les métiers du soin (médecin, infirmier[ère], aide-soignant[e], pharmacien[ne], biologiste, épidémiologiste…), les activités en relation avec les autres ou l'inconscient (aide sociale, humanitaire, psychologie, hypnose, sophrologie, musicologie, voyance, astrologie, numérologie…), le milieu de l'art (chant, peinture, danse…), la finance (banque, par exemple), la restauration ou l'hôtellerie, tous les métiers en relation avec l'eau…

Neptune dans les 12 signes

Neptune en Bélier (1861 à 1874 / 2025 à 2038-39)

Bien aspectée : grande émotivité, intuition vive et fulgurante, soif d'aventure et d'horizons inconnus. Mal aspectée : difficultés à contenir ou exprimer sa sensibilité, agressivité passive, agissements irrationnels…

D'un point de vue sociétal

Cette période est marquée par l'émergence de nouvelles approches philosophiques ou l'exaltation de certaines croyances conduisant au meilleur comme au pire. C'est également l'émergence de l'art moderne…

Neptune en Taureau (1875 à 1888-89)

Bien aspectée : sensualité, gourmandise, joie de vivre, romantisme, douceur, affection, créativité, goût pour l'art…

Mal aspectée : tendance à se perdre dans les excès en tout genre ou difficultés à gérer ses émotions…

D'un point de vue sociétal

Ce cycle voit naître la spéculation, l'impressionnisme, un nouvel élan religieux ou spirituel, premier métro dans Paris…

Neptune en Gémeaux (1889 à 1901-02)

Bien aspectée : grande capacité d'intégration, réceptivité à son environnement, intuition alliée à un bon sens pratique…

Mal aspectée : tendance à fuir la réalité, manque de constance, mensonge, tricherie…

D'un point de vue sociétal

Le dernier cycle de Neptune en Gémeaux a vu naître les premiers films, l'art postimpressionniste et les grandes évolutions…

Neptune en Cancer (1902 à 1915)

Bien aspectée : grande émotivité ou sensibilité, intuition ou clairvoyance, désir d'absolu, imagination fertile, importance de la famille…

Mal aspectée : manque de raisonnement, illusion, vie privée confuse, difficultés à trouver son équilibre…

D'un point de vue sociétal

Fauvisme, vote de la liberté de culte en France. Toujours en France, séparation de l'Église et de l'État, début de la Première Guerre mondiale et mobilisation générale des troupes…

Neptune en Lion (1915 à 1928-29)

Bien aspectée : idéalisme élevé, désir de plaire, intérêt pour l'art, quête d'un équilibre familial et sentimental…

Mal aspectée : vie sentimentale parfois décousue, perte d'identité, flou émotionnel…

D'un point de vue sociétal

Première Guerre mondiale et entre-deux-guerres avec une paix fragile, premier emploi du char d'assaut, pandémie : grippe espagnole…

Neptune en Vierge (1929 à 1942)

Bien aspectée : capacité à aller au-delà des apparences, grand sens du détail, intérêt pour l'infiniment grand ou petit…

Mal aspectée : difficultés à gérer ses angoisses, hypocondrie, problèmes de santé dont l'origine est trouble…

D'un point de vue sociétal

Quête de réconfort et de sécurité, chômage, accords sociaux sur le travail, effondrement de la Bourse, essor du communisme et des régimes totalitaires, début de la Seconde Guerre mondiale, création du gouvernement de Vichy…

Neptune en Balance (1942 à 1955-57)

Bien aspectée : idéal social, recherche d'harmonie, besoin de fusion amoureuse, goût pour les arts, grand sens de l'esthétisme…

Mal aspectée : difficultés à trouver son équilibre ou à gérer ses émotions, tendance à contourner les règles…

D'un point de vue sociétal

Seconde Guerre mondiale, fin du gouvernement de Vichy, résistance, droit de vote accordé aux femmes, refonte de la société et reconstruction de cette dernière après la guerre, effondrement des empires coloniaux…

Neptune en Scorpion (1957 à 1969-70)

Bien aspectée : attirance pour le mystère, personnalité charismatique et magnétique, forte intuition ou émotivité, désir d'absolu…

Mal aspectée : esprit irrationnel, difficultés pour canaliser son énergie ou ses peurs, abus en tout genre, fuite de la réalité, dépendance (alcool, drogue…).

D'un point de vue sociétal

Jeunesse cherchant à s'affranchir des limites, mouvement hippie, affrontements idéologiques et sociétaux, apparition du New Age…

Neptune en Sagittaire (1970 à 1983-84)

Bien aspectée : soif d'idéal, besoin d'aller au-delà des apparences, désir de repousser ses limites, large vision du monde, capacités intuitives ou de clairvoyance très développées, esprit visionnaire, spiritualité, intérêt pour l'étranger.

Mal aspectée : incapacité à prendre ses responsabilités, fuite de la réalité, difficultés à assouvir ses désirs.

D'un point de vue sociétal

Soif de nouvelles croyances, évolution du New Age, développement de nombreux mouvements sectaires ou expansion de croyances païennes…

Neptune en Capricorne (1984 à 1997-98)

Bien aspectée : pragmatisme intuitif, besoin de s'investir sur des projets à très long terme, bonne gestion des émotions ou de l'intuition, idéal haut placé…

Mal aspectée : manque de concret et de réalisme, enfermement psychologique, abus de confiance…
D'un point de vue sociétal
Chute du mur de Berlin, quête d'un idéal commun, fin du communisme soviétique, dérégulation du marché, libre-échange, début de l'Europe…
Neptune en Verseau (1998 à 2011-12)
Bien aspectée : sensibilité sortant de l'ordinaire, intérêt pour les grands courants sociétaux, inspiration, attirance pour le spirituel, grande capacité à écouter les autres…
Mal aspectée : tendance à se laisser influencer, risque d'être entraîné dans un courant sectaire…
D'un point de vue sociétal
Mondialisation en expansion, nouvelles aspirations sociales et mondiales, l'euro devient la monnaie commune, élargissement des frontières et de la mondialisation…
Neptune en Poissons (2012 à 2025)
Bien aspectée : générosité, douceur, intuition, rêverie, empathie, quête d'harmonie, grande réceptivité…
Mal aspectée : hypersensibilité ou émotivité, confusion, hésitations, troubles psychiques, dépendance (alcool, drogue…).
D'un point de vue sociétal
Croissance du fanatisme religieux et sociétal, retour de vieilles croyances, quête de spiritualité, naissance de courants sectaires divers, société en quête ou en perte de repères, conflits entre science et doctrines ésotériques, retour de l'intérêt pour l'occulte…

Neptune en maison

Neptune en I

Bien aspectée : personnalité extrêmement réceptive, douce et attachante. Intuition très développée, clairvoyance, médiumnité (si le reste du thème le confirme), sujet spirituel, hypersensibilité, créativité, adaptabilité…

Mal aspectée : sujet influençable, facultés médiumniques ou de voyance accrues, vie chaotique et décousue, tendance à se bercer d'illusions, parfois personne perchée…

Neptune en II

Bien aspectée : métier touchant à une orientation neptunienne. Bon flair dans les affaires, talent de gestionnaire, investissements payants, idées et imagination mises au service des entreprises…

Mal aspectée : vie professionnelle et/ou financière mouvante, difficultés à trouver son orientation, escroqueries diverses…

Neptune en III

Bien aspectée : grande capacité du natif à exprimer ses émotions et ses intuitions, famille de cœur indispensable à l'épanouissement du sujet, goût pour les déplacements, besoin de diversité…

Mal aspectée : influençabilité, difficulté à lier connaissance, problème d'orientation dans les études, déceptions humaines…

Neptune en IV

Bien aspectée : milieu familial ayant une grande influence sur le sujet, grande famille de cœur,

capacité à vivre en communauté, besoin d'un foyer harmonieux, belle intuition…
Mal aspectée : faculté de voyance à développer, instabilité émotionnelle, perte de la réalité, déménagements possibles, tendance à se marginaliser, relations familiales floues…

Neptune en V

Bien aspectée : grande maîtrise de son intuition, capacité de voyance structurée, imagination fertile, créativité, vie amoureuse apportant équilibre et douceur, idéal sentimental et familial…
Mal aspectée : amour(s) platonique(s), infidélité, illusions sentimentales, difficultés à gérer son émotivité ou ses perceptions…

Neptune en VI

Bien aspectée : vie professionnelle en lien avec Neptune. Vie tranquille. Quête de calme et de douceur. Recherche d'une activité « passion » qui nourrit l'âme. Lâcher-prise ou recul.
Mal aspectée : flou professionnel, santé difficile, tendance à faire les mauvais choix ou à prendre les mauvaises directions…

Neptune en VII

Bien aspectée : sujet ayant tendance à idéaliser l'amour, le mariage ou les autres. Désir d'absolu. Attirance pour le milieu artistique ou les personnes qui sortent de l'ordinaire. Vie sociale ou sentimentale épanouissante.
Mal aspectée : déception(s) humaine(s) ou affective(s), tromperie(s), mauvaise influence de l'extérieur sur la vie amoureuse ou la personnalité du natif…

Neptune en VIII

Bien aspectée : intuition très exacerbée, grande capacité d'adaptation, facilité à « nager en eau trouble », sensualité, sex-appeal, charisme, magnétisme, besoin de fusion…

Mal aspectée : les changements et les remises en question sont source d'anxiété ou de peurs. Maladie longue ou incurable, trauma psychologique, autodestruction (drogue, alcool…), problème(s) sexuel(s)…

Neptune en IX

Bien aspectée : besoin d'élargir constamment ses horizons, goût des voyages, spiritualité, attirance pour l'invisible, quête de mouvement…

Mal aspectée : désir d'absolu handicapant, hyperémotivité, tendance à se poser comme un gourou ou à se laisser influencer par un gourou, scepticisme, difficultés à orienter sa vie…

Neptune en X

Bien aspectée : capacité à soigner, aider et conseiller les autres. Intuitions servant dans l'activité. Métier en lien avec une orientation neptunienne. Bonne intégration sociale ou professionnelle.

Mal aspectée : difficultés à trouver son chemin ou à s'orienter professionnellement, carrière faite de périodes de flou et de confusion. Mauvaise organisation. Manque de concret ou de persévérance…

Neptune en XI

Bien aspectée : aptitude à écouter et à comprendre les autres, cercle amical indispensable à l'équilibre

du natif, idéalisme, imagination, clairvoyance, projets originaux ou en relation avec la société…
Mal aspectée : trahisons amicales et déceptions humaines, vague à l'âme, projets utopistes, manque de limites…

Neptune en XII

Bien aspectée : sujet rêveur, grande imagination, capacité à rendre service ou à aider les autres, intuition fortement développée, introspection…
Mal aspectée : problèmes psychologiques divers, obsessions, peurs, craintes. Personnalité irréfléchie, influençable. Mal de vivre.

Pluton

Elle met entre 246 et 252 ans pour faire le tour du zodiaque et peut rester entre 14 et 30 ans dans un signe.
Elle gouverne le signe du Scorpion.
C'est la planète par excellence de l'inconscient, de l'intuition, des désirs, des souvenirs, de la médiumnité, des grands changements, des deuils, des renoncements et de la sexualité (comme Mars et Vénus). Dans un thème, le secteur qu'elle occupe renseigne sur les remises en question, les modifications profondes que vivra le natif, mais également sur ses peurs ou ses traumas. Cette planète informe sur les ressources et les capacités, exprimées ou pas, que possède le sujet. En lien avec les « finances », elle « parle » de notre manière d'investir, d'épargner, de gagner notre argent.

En dominance
(sur l'ascendant, le Mc, le Soleil ou la Lune)

Pluton rend adaptable, caustique, mystérieux, insondable et donne une grande capacité à se ressourcer. Bien aspectée, elle rend déterminé, volontaire, infatigable… Elle permet de « toujours » renaître de ses cendres et de ne jamais rester sur ses acquis. Mal aspectée, elle teinte le caractère du natif d'une haute estime de soi, de comportements colériques ou autodestructeurs. Elle rend en proie à des « fractures et des problèmes psychologiques » qui demandent à être réglés.

Orientation en relation avec cette planète

Les activités touchant à l'inconscient et aux traumas (psychologie, psychanalyse, hypnose…), les métiers en relation avec la mort (pompes funèbres, hôpitaux, médiumnité, criminologie, notariat, soins palliatifs…), la chimie, la recherche, la pharmacie, la génétique, la gynécologie… Les carrières en relation avec le pouvoir (politique, diplomatie…), la finance, le droit, la géologie, la radiesthésie…

Pluton dans les 12 signes

> **INFOS**
>
> **Attention, Pluton était un astre à dimension sociétale et générationnelle, il ne doit jamais être interprété en solo dans un signe. Pour bien comprendre son essence dans un thème, vous devez prendre en considération sa position dans la maison qu'il occupe ainsi que les aspects envoyés par les autres planètes. Placée en signe, les astrologues considèrent qu'elle marque les grandes transformations ou peurs des époques qu'elle « gouverne ».**

Pluton en Bélier (1822-23 à 1851-52)

D'un point de vue personnel

Bien aspectée : magnétisme, charisme, énergie, capacité de résilience, volonté d'action…

Mal aspectée : impulsivité peu contrôlée, violence, tempérament primaire…

D'un point de vue sociétal

Période empreinte de grandes transformations, de violence, de tensions, quête d'absolu, rébellion, abdication, transition sociale, révolution industrielle, époque victorienne…

Pluton en Taureau (1851-52 à 1882-84)

D'un point de vue personnel

Bien aspectée : grande volonté d'action, désir de maîtrise sur les événements ou les choses matérielles, grande ressource…

Mal aspectée : inflexibilité, possessivité, jalousie…

D'un point de vue sociétal

Le paysage social, culturel et économique est impacté par de profonds changements, les mœurs se transforment, des luttes des classes se mènent outre-Atlantique (guerre de Sécession).

Pluton en Gémeaux (1882-84 à 1913-14)

D'un point de vue personnel

Bien aspectée : recherche intellectuelle et psychologique, capacité à comprendre l'inconscient de ses interlocuteurs…

Mal aspectée : idéologie, manque d'ouverture d'esprit…

D'un point de vue sociétal

Diffusion de la téléphonie, transformation des échanges entre les êtres, désaccords d'idées, recherche de légèreté…

Pluton en Cancer (1914-15 à 1937-39)

D'un point de vue personnel

Bien aspectée : grande capacité à créer ou à se remettre en question, résiliation, intérêt pour l'occulte… Mal aspectée : tendance irrationnelle, manque de concret, peurs, craintes, insécurité…

D'un point de vue sociétal

Période marquant la Première Guerre mondiale et les débuts de la Seconde, insécurité, tensions mondiales, montée de l'irrationnel (spiritisme, écriture automatique…), questionnement sur la mort…

Pluton en Lion (1939-40 à 1956-57)

D'un point de vue personnel

Bien aspectée : personnalité charismatique et magnétique, autorité naturelle, instinct de survie développé…

Mal aspectée : égocentrisme hyperdéveloppé, autoritarisme, tendance obsessionnelle…

D'un point de vue sociétal

Période rythmée par la Seconde Guerre mondiale et la reconstruction des sociétés, génération du baby-boom, bombe atomique, énergie nucléaire (première centrale nucléaire), début des Trente Glorieuses, début de la contraception…

Pluton en Vierge (1957-58 à 1971-72)

D'un point de vue personnel

Bien aspectée : grande capacité d'analyse et de remise en question, volonté d'aller au fond des choses…

Mal aspectée : maniaquerie, obsession, hypocondrie…

D'un point de vue sociétal

Amélioration de la qualité de vie et de la santé, luttes et combats sociaux, Trente Glorieuses, Mai 68, contraception, période hippie…

Pluton en Balance (1972-73 à 1983-84)

D'un point de vue personnel

Bien aspectée : quête de justice, capacité à remettre en question ses valeurs sociales, besoin d'aller au fond des choses…

Mal aspectée : difficultés à faire la part des choses ou preuve de mesure…

D'un point de vue sociétal

Période qui invite à l'équilibre des forces et des pouvoirs, égalité des chances, débats d'idées, cycle propice à la culture et à la philosophie…

Pluton en Scorpion (1983-1984 à 1995-96)

D'un point de vue personnel

Bien aspectée : sujet possédant de grandes ressources, capacité à aller au-delà des apparences, besoin de dépasser les apparences…

Mal aspectée : comportements autodestructeurs, libido extrême, parfois violence…

D'un point de vue sociétal

Cycle marqué par l'épidémie du sida, transformation profonde des mœurs, abolition de l'Apartheid en Afrique du Sud, déclin de l'empire colonialiste, chute du mur de Berlin, naissance de la génération X-Y…

Pluton en Sagittaire (1995-96 à 2007-08)

D'un point de vue personnel

Bien aspectée : goût pour la culture étrangère, grande capacité à communiquer, besoin absolu de liberté…

Mal aspectée : comportement impulsif, difficultés à accepter les limites…

D'un point de vue sociétal

Période de l'essor informatique, du web, de la télécommunication, des nouvelles technologies (Internet, téléphone mobile, réseaux sociaux…), augmentation des intolérances religieuses ou fascination des courants idéalistes…

Pluton en Capricorne (2008-09 à 2023-24)

D'un point de vue personnel

Bien aspectée : magnétisme, charisme, énergie, capacité de résilience, volonté d'action…

Mal aspectée : impulsivité peu contrôlée, violence, tempérament primaire…

D'un point de vue sociétal

Augmentation de l'intolérance, manque de filtre conduisant à l'émergence de violence, contestation des autorités, désirs d'indépendance, crises économiques et sanitaires mondiales, besoin de refondre les bases d'une société, remises en question des relations avec les autres, fanatisme (attentats, par exemple).

Pluton en Verseau (2024-25 à 2044-45)

D'un point de vue personnel

Bien aspectée : besoin de rompre avec les habitudes et les acquis passés, recherche d'un idéal, idées novatrices…

Mal aspectée : tempérament colérique, tendance à la violence ou à la révolte…

D'un point de vue sociétal

Cycle soit de construction ou de destruction des structures ou des modes de vie, période empreinte d'innovation ou de terreur, découvertes scientifiques ou spatiales, nouveaux échanges entre les Hommes…

Pluton en Poissons (2044-45 à 2067-68)

D'un point de vue personnel

Bien aspectée : capacité à aller au-delà des apparences, belles intuitions, adaptabilité, curiosité intellectuelle ou spirituelle…

Mal aspectée : troubles psychologiques, anxiété, peurs, angoisses, perte de contrôle…

D'un point de vue sociétal

Période où la réalité change, c'est le dernier cycle de Pluton avant qu'elle ne repasse en Bélier. Elle marque la fin d'un chapitre qui peut faire naître le meilleur comme le pire. Ainsi, cela peut donner un nouvel élan ou le chaos.

Pluton en maison

Pluton en I

Bien aspectée : sujet impulsif et instinctif, adaptabilité, curiosité, besoin d'aller au-delà des apparences, force de caractère, facilité à se remettre en question ou à évoluer, charisme.

Mal aspectée : tendance à refuser la réalité ou à la transformer, jalousie. Tempérament violent (physique ou psychologique), esprit manipulateur… Parfois médiumnité, si l'ensemble du thème le confirme.

Pluton en II

Bien aspectée : vie professionnelle faite de nombreux changements ou remises en question. Sujet parfois matérialiste, capacité à spéculer ou à investir, ressources intérieures…

Mal aspectée : carrière et finances sujettes à des revirements, succès suivi d'échec, obsession de l'argent, problèmes financiers…

Pluton en III

Bien aspectée : grande ouverture et curiosité d'esprit, désir de comprendre le monde qui l'entoure, médiumnité (si le thème le confirme), écrits ou études en relation avec l'invisible, l'inconnu, la mort. Grande adaptabilité…

Mal aspectée : incapacité à rester constant dans les efforts, amitiés changeantes, disputes régulières avec les autres…

Pluton en IV

Bien aspectée : besoin de se différencier de sa famille et de tracer sa propre route, déménagements fréquents, capacité à aller au fond des choses, belle intuition…

Mal aspectée : traumas familiaux empêchant d'avancer ou crises familiales, rupture avec les parents, déménagement(s) subi(s), vécu(s) comme un déracinement…

Pluton en V

Bien aspectée : personnalité charismatique et magnétique, maîtrise de ses émotions et de ses pulsions, besoin d'approfondir les liens qui unissent à quelqu'un ou à un enfant, créativité, intuition…

Mal aspectée : incapacité à contenir ses pulsions, vie amoureuse faite de grands changements (ruptures, divorce(s), deuil, vie familiale marquée par un drame…

Pluton en VI

Bien aspectée : vie professionnelle riche et intense, capacité à creuser un sujet ou à analyser une situation, facilité à rompre avec les habitudes.

Mal aspectée : frustrations, difficultés à faire face aux situations, problèmes de santé divers, quotidien témoin de grandes transformations…

Pluton en VII

Bien aspectée : sujet passionné en amour, désir de fusion avec l'autre, vie sociale en constante évolution, capacité à s'adapter aux aspirations d'un(e) partenaire ou d'un(e) associé(e).

Mal aspectée : vie amoureuse ou sociale marquée par des ruptures, des pertes, de grosses remises en question.

Pluton en VIII

Bien aspectée : énorme capacité à se transformer et à aller au fond de soi, introspection bénéfique, tempérament passionné et entier, curiosité d'esprit… Intérêt pour le mystère ou les choses morbides.

Mal aspectée : sujet « frappé par le destin », esprit manipulable ou manipulateur, tendances autodestructrices, chocs, problème(s) de santé…

Pluton en IX

Bien aspectée : soif d'idéal, exigence, désir d'absolu et de liberté, déménagements fréquents, fuite de l'ennui et des habitudes, rêve de grandeur…

Mal aspectée : tensions intérieures, hypernervosité, colère, fanatisme ou extrémisme, tendance à tout envoyer balader…

Pluton en X

Bien aspectée : carrière mise sous l'influence de Pluton, vie professionnelle faite de nombreux changements ou remises en question… Position intéressante pour accéder à un poste de responsabilité, fin stratège…

Mal aspectée : soif de pouvoir, tendance à faire sa loi, ambition démesurée, égoïsme…

Pluton en XI

Bien aspectée : grande capacité à s'adapter et à s'intégrer dans la société, vie amicale riche et intense, projets ambitieux et audacieux, relations influentes…

Mal aspectée : tendance à la révolte, refus de la différence, autoritarisme, manque d'ouverture d'esprit, ruptures amicales ou sociales…

Pluton en XII

Bien aspectée : profondeur d'âme, culte du mystère, personne secrète, besoin de faire des breaks réguliers pour se ressourcer, large palette de compétences qui ne demande qu'à s'exprimer.

Mal aspectée : tendance à angoisser et à ruminer, peurs obsessionnelles, colères froides, tempérament pessimiste…

V - LES ASTÉROÏDES ET LES POINTS FICTIFS

Chiron

Cet astéroïde fait sa révolution en 50 ans et reste entre 4 et 8 mois dans un signe.
Il gouverne le Sagittaire.
Cet astre est en rapport avec l'apprentissage, la compréhension, la connaissance, la maîtrise des instincts primaires. Il représente les combats qui doivent être menés afin de lâcher prise et de sublimer une situation ou un quotidien. C'est l'image même de la conciliation, du discernement et de l'équilibre. Si pour certains astrologues, il est perçu comme la blessure ou la guérison, il est avant tout l'indice d'acceptation ou de sacrifice. Mal aspecté, il représente les bas instincts, les pulsions incontrôlées…

En dominance (sur l'ascendant, le Mc, le Soleil ou la Lune)

Il rend curieux et désireux de transmettre ses connaissances ou un savoir. Le natif ayant Chiron sur un point clé du thème est communicatif, ouvert d'esprit, dynamique, bienveillant, paternel, sociable, solide et philosophe. S'il reçoit des aspects négatifs, il rendra « sauvage » et indomptable.

Orientation en relation avec cette planète

Les métiers de l'enseignement et du sport, la médecine ou le paramédical, le magnétisme, la voyance et la divination, le conseil, l'orientation…

Chiron dans les 12 signes

Chiron en Bélier

Bien aspecté : grande vivacité et rapidité d'exécution, grande maîtrise de soi ou de ses énergies. Connaissance de ses limites, endurance.
Mal aspecté : problème à gérer les accès de colère, violence et personnalité querelleuse.

Chiron en Taureau

Bien aspecté : personnalité agréable et chaleureuse. Goût de la bonne chère. Endurance et volonté. Force de caractère.
Mal aspecté : tempérament fougueux et difficilement contrôlable, ne vit que pour le plaisir et la jouissance.

Chiron en Gémeaux

Bien aspecté : polyvalence, adaptabilité, curiosité, soif de connaissance, désir de partager un savoir, facilité dans les échanges.
Mal aspecté : duplicité, dualité, personnalité peu fiable, lutte intérieure permanente…

Chiron en Cancer

Bien aspecté : sens de la famille ou du groupe, désir de cohésion, capacité à accompagner un proche malade, grande solidité psychologique.
Mal aspecté : blessure d'abandon, milieu familial

source de souffrances, difficultés à se stabiliser ou à gérer ses émotions.

Chiron en Lion

Bien aspecté : panache, magnétisme, dynamisme, besoin d'action et de mouvement, quête de réussite ou de reconnaissance…

Mal aspecté : tempérament parfois violent et irascible, incapacité à gérer la colère, égocentrisme, égoïsme, blessure narcissique…

Chiron en Vierge

Bien aspecté : personnalité posée et calme. Quête d'équilibre et de tranquillité. Bonne analyse des situations. Être perfectionniste et exigeant.

Mal aspecté : sujet stratège et manipulateur, fourberie, mensonge, manque de cohérence…

Chiron en Balance

Bien aspecté : natif faisant preuve d'une grande attention envers les autres, de douceur et d'écoute. Belle capacité de conciliation et de médiation.

Mal aspecté : comportement erratique, manque d'équilibre émotionnel, vie sentimentale trouble…

Chiron en Scorpion

Bien aspecté : bon sens pratique, capacité à aller au-delà des apparences. Ouverture, curiosité et grande profondeur d'esprit.

Mal aspecté : animalité très développée, sexualité débridée, fantasmes non assouvis, autodestruction…

Chiron en Sagittaire

Bien aspecté : sens de l'équipe, du groupe ou de la fratrie. Intérêt pour la spiritualité ou l'astrologie.

Besoin de servir de guide ou de repère. Magnétisme et charisme.
Mal aspecté : incapacité à se contenter de ce que l'on a, insatisfaction existentielle, désir d'absolu, fuite des responsabilités, vie chaotique…

Chiron en Capricorne

Bien aspecté : natif ayant un esprit rationnel et logique. Désir de tout comprendre et de tout analyser. Excellente maîtrise des énergies et des émotions.
Mal aspecté : froideur, distance, refoulement de toutes formes d'émotions…

Chiron en Verseau

Bien aspecté : grande originalité d'esprit, besoin de renouveler constamment ses connaissances, avant-gardisme ou clairvoyance, voire prévoyance.
Mal aspecté : tempérament autoritaire et inflexible, extrémisme ou idéalisme démesuré…

Chiron en Poissons

Bien aspecté : belle maîtrise des émotions, créativité (don pour la musique), empathie, compassion, capacité à aider son prochain…
Mal aspecté : esprit troublé et tourmenté, perte de la réalité, difficultés d'intégration…

Chiron en maison

Chiron en I

Bien aspecté : capacité à aider, guider, conseiller et éclairer. Belle énergie permettant de se dépasser…
Mal aspecté : difficultés à gérer ses états d'âme,

impulsivité pouvant donner de la violence, problèmes d'insertion dans la société…

Chiron en II

Bien aspecté : métier en relation avec les orientations professionnelles de Chiron. Belle capacité de gestion des énergies et des finances. Ressources insoupçonnées. Mal aspecté : difficultés à organiser son temps ou à se concentrer, éparpillement, tempérament impulsif…

Chiron en III

Bien aspecté : personnalité ouverte et extravertie. Désir d'apprendre ou de transmettre une connaissance. Besoin de mouvement et de fantaisie. Mal aspecté : sujet ayant du mal à tenir en place, impatience, insouciance, instincts primaires forts, tendance à changer d'humeur…

Chiron en IV

Bien aspecté : position propice à l'équilibre familial ou à l'envie de créer une famille. Besoin d'équilibre et de stabilité.

Mal aspecté : marques liées à l'enfance ou à l'adolescence, désir d'émancipation, conflits familiaux, tensions avec le père ou la mère…

Chiron en V

Bien aspecté : fidélité, sincérité amoureuse. Vie conjugale protégée et propice à l'épanouissement. Bonne entente avec les enfants. « Dons » mis au service des autres.

Mal aspecté : vie affective faite de hauts et de bas, aventures sans lendemain, infidélité, problèmes d'origines…

Chiron en VI

Bien aspecté : grande capacité à aller au fond des choses, esprit curieux et analytique, bonne gestion des tâches ou du travail. Activité en relation avec les orientations de Chiron.

Mal aspecté : parcours professionnel erratique fait de luttes, difficultés à s'intégrer dans une entreprise, santé fragile…

Chiron en VII

Bien aspecté : les amours, les unions et les associations sont protégées et source de bien-être. Collaborations et mariage heureux et bénéfiques. Gain de cause dans les procès.

Mal aspecté : chemin sentimental fait de plusieurs relations, difficultés à trouver son équilibre amoureux.

Chiron en VIII

Bien aspecté : grande force de caractère, capacité à aller au-delà des apparences, soif d'authenticité. Besoin d'approfondir ses connaissances.

Mal aspecté : cette position amène le sujet à s'interroger sur sa personnalité et son fonctionnement, tendance autodestructrice possible, excès…

Chiron en IX

Bien aspecté : charisme, goût de l'inconnu ou de l'étranger, spiritualité, intérêt pour l'astrologie, le magnétisme ou la voyance…

Mal aspecté : personne ayant du mal à tenir en place. Sujet guidé par la passion. Parfois personnalité colérique et impulsive. Insatisfactions…

Chiron en X

Bien aspecté : sujet ayant besoin de se sentir utile. Métier d'aide aux autres favorisé. Carrière possible dans le conseil, l'éducation, la psychologie, la médecine, la voyance ou l'astrologie…

Mal aspecté : natif désirant sortir des sentiers battus, vie étonnante et hors norme, marginalisation, parcours fait de luttes…

Chiron en XI

Bien aspecté : importance de l'amitié. Relationnel éclectique et changeant. Projets audacieux et avant-gardistes. Extraversion et grande ouverture d'esprit.

Mal aspecté : sujet se lançant dans des projets parfois trop idéalistes ou trop ambitieux, difficultés à garder ses amis ou déceptions amicales fréquentes.

Chiron en XII

Bien aspecté : intérêt pour l'invisible, la spiritualité… Grande capacité à aider les autres. Métier pouvant toucher aux soins. Belle énergie et résistance dans les épreuves.

Mal aspecté : problèmes de santé possibles (hospitalisations, interventions chirurgicales), peur de la souffrance…

Cérès

Ce planétoïde met environ 4 ans et demi pour faire le tour du zodiaque. Il peut rester entre 3 et 9 mois dans un signe.
Il gouverne le signe de la Vierge.
Cet astre représente la récolte, l'abondance ou la disette, l'aboutissement ou le dénouement d'une situation, l'équilibre, l'acceptation, la conciliation, le labeur, la détermination, l'amour maternel. Mal aspecté, il sera signe de limitation, de refus, de renoncement, d'incompréhension, d'arrêt, de grève ou d'attente... Dans un thème, son emplacement renseigne sur ce qui nourrit le natif ou dans quel domaine il récoltera le fruit de ses efforts. Ce planétoïde renseigne sur l'acceptation ou non du départ des enfants du foyer.

En dominance
(sur l'ascendant, le Mc, le Soleil ou la Lune)

Bien aspecté, Cérès donne envie de partager un savoir et une connaissance. Il rend doux, aimable, maternel et attentif aux autres. Mal aspecté, la personnalité du natif se colore d'une certaine froideur et rigueur et d'idées bien arrêtées qui laissent peu de place au dialogue.

Orientation en relation avec cette planète

Toutes les activités en lien avec la petite enfance (sage-femme, assistante maternelle, nounou…), les métiers touchant à l'agriculture, la formation professionnelle, les vacances, les négociations ou conciliations, l'investissement, l'artisanat, la spiritualité, l'alimentation…

Cérès dans les 12 signes

Cérès en Bélier

Bien aspecté : capacité à contrôler ses pulsions, et ce, malgré une certaine maladresse dans les échanges. Sujet tendant à se dépasser et à puiser dans ses ressources.

Mal aspecté : dans cette condition, le natif vit mal les frustrations ou les limites…

Cérès en Taureau

Bien aspecté : aptitude à organiser, penser et hiérarchiser. Importance de la nature. Bonne hygiène de vie. Attachement à l'équilibre matériel.

Mal aspecté : manque de sécurité ou de la présence de la mère, tempérament réservé, repli sur soi, difficultés à communiquer.

Cérès en Gémeaux

Bien aspecté : tendance à intellectualiser les situations, désir de compréhension développé, soif de connaissance, bonne capacité d'analyse.

Mal aspecté : difficultés à appréhender les événements dans leur globalité, manque d'adaptabilité, refus de la conciliation…

Cérès en Cancer
Bien aspecté : importance de la famille ou de la mère, existence ou hygiène de vie équilibrée, position propice à l'investissement ou à l'achat d'un bien…
Mal aspecté : personnalité manquant de constance, complexe de l'abandon, famille pouvant être source de manques…

Cérès en Lion
Bien aspecté : sujet défendant ses intérêts bec et ongles, grande force de persuasion, sujet fin stratège, capacité à mener à bien ses ambitions, réalisation personnelle ou professionnelle.
Mal aspecté : manque de conciliation et de compréhension, frustrations, tempérament colérique…

Cérès en Vierge
Bien aspecté : capacité à répartir les tâches, bonne gestion du temps, esprit rationnel et analytique, grande attention à l'alimentation…
Mal aspecté : rigidité, fermeture d'esprit, tendances psychotiques, hypocondrie…

Cérès en Balance
Bien aspecté : sens de la justice, application, actions posées et précises, recherche d'équilibre, vie familiale protégée, grande capacité à convaincre…
Mal aspecté : enfance manquant de repères ou d'équilibre, tempérament secret et réservé…

Cérès en Scorpion
Bien aspecté : capacité à trancher, à couper et à décider. Personnalité parfois piquante et franche. Goût pour le mystère ou la culture du mystère.

Mal aspecté : caractère colérique et impulsif, tendance à foncer dans le tas…

Cérès en Sagittaire

Bien aspecté : soif de connaissance, goût pour les nouveaux horizons, désir de se sentir utile, actions sociales et humanitaires favorisées…

Mal aspecté : manque d'empathie et difficulté à se mettre à la place des autres, introversion…

Cérès en Capricorne

Bien aspecté : grand besoin de nature pour se ressourcer, esprit logique et raisonné, grande ambition, vie professionnelle souvent favorisée…

Mal aspecté : sujet devant faire preuve de détermination pour dépasser les obstacles ou pour trouver son équilibre…

Cérès en Verseau

Bien aspecté : esprit vif et mathématique, bon sens du discernement, intérêt pour le social ou le collectif, besoin de faire avancer les causes justes…

Mal aspecté : tempérament fermé et rigide, voire obsessionnel ou extrême. Sujet enclin aux conflits.

Cérès en Poissons

Bien aspecté : bonne position pour attirer l'abondance, capacité à donner forme aux projets, soif de nouveaux horizons, grand idéal de vie.

Mal aspecté : difficultés d'orientation ou problème pour gérer ses émotions, tendance à se noyer dans un verre d'eau…

Cérès en maison

Cérès en I

Bien aspecté : timidité et réserve. Natif aspirant au calme et à l'équilibre. Besoin d'harmonie. Fuite des tensions. Personnalité bosseuse. Sensibilité à l'environnement.
Mal aspecté : refus de faire des concessions, difficultés à se faire entendre, tendance à s'enfermer dans le travail…

Cérès en II

Bien aspecté : position propice à l'équilibre financier ou professionnel. Efforts toujours récompensés. Capacité à faire fructifier ses biens.
Mal aspecté : tendance à la dispersion, manque de constance dans les efforts, vie professionnelle marquée par une pause…

Cérès en III

Bien aspecté : les relations avec les autres sont nourrissantes et enrichissantes. Les démarches demandent implication et détermination. Grande capacité de concentration.
Mal aspecté : vie amicale émaillée par de grosses déceptions humaines. Études parfois difficiles à mener.

Cérès en IV

Bien aspecté : natif très proche de sa famille. Relations familiales parfois fusionnelles. Désir de stabilité et d'harmonie.
Mal aspecté : sujet ayant été confronté à des manques durant son enfant. Peur de l'abandon.

Cérès en V

Bien aspecté : position propice à la construction

d'une famille et d'un couple. Capacités intuitives et créatives assez développées. Bonne maîtrise de soi ou de ses facultés.
Mal aspecté : vie amoureuse ou familiale demandant renoncement, acceptation ou compromis…

Cérès en VI

Bien aspecté : grande capacité de travail et de concentration. Besoin d'aller au fond des choses. Bonne gestion de ses énergies ou de son temps.
Mal aspecté : parfois difficultés de concentration ou de hiérarchisation des priorités. Vie professionnelle complexe. Santé amoindrie…

Cérès en VII

Bien aspecté : vie sociale ou amoureuse indispensable à l'équilibre du natif. Sujet cherchant une famille de cœur solide et sincère.
Mal aspecté : parcours sentimental et vie relationnelle compliqués. Déceptions amoureuses.

Cérès en VIII

Bien aspecté : esprit d'une grande logique. Capacité à aller au fond des choses. Facilité de remises en question. La famille ou la vie sentimentale sont source de changements profonds.
Mal aspecté : incapacité à reconnaître ses torts ou à faire des concessions.

Cérès en IX

Bien aspecté : sujet pouvant faire preuve d'une grande sagesse et d'une certaine patience. Besoin d'élargir ses horizons et de diversifier ses connaissances.

Mal aspecté : difficultés à prendre ses responsabilités. Tendance à fuir la réalité…

Cérès en X

Bien aspecté : prédispose aux orientations en lien avec Cérès et le signe qu'il occupe. Besoin de se sentir utile. Grande détermination et volonté d'action.
Mal aspecté : natif cherchant à imposer son autorité. Conflits fréquents avec les autres ou une hiérarchie.

Cérès en XI

Bien aspecté : grande curiosité d'esprit. Désir d'élargir ses horizons. Projets et entreprises demandant patience. Aboutissement des efforts avec le temps.
Mal aspecté : difficultés à se lier aux autres ou à conserver ses amis. Tendance à entretenir des relations à la carte.

Cérès en XII

Bien aspecté : grand potentiel pour se régénérer. Personnalité capable d'une grande introspection.
Mal aspecté : vie du sujet marquée par de fréquents moments de pause, de break, parfois d'hospitalisation.

Junon

Ce corps céleste met presque 4 ans pour parcourir le zodiaque et 3 mois pour traverser un signe.
Il gouverne le signe de la Balance.
Cet astre nommé aussi « la petite Vénus », lorsqu'il est bien aspecté représente la tolérance, l'acceptation, la création ou procréation, l'équilibre, la stabilité, l'épanouissement familial et conjugal, les officialisations (mariage, pacs, signature de contrat…), l'endurance et la résistance… Mal aspecté, il est source de frustrations, d'instabilité, de colère, de jalousie, voire de violence ou d'enfermement psychologique.
Dans un thème, sa position vient compléter les informations données par Vénus et Mars. Son emplacement révèle comment le natif envisage sa vie amoureuse et comment il vivra l'union. Pour les hommes, selon le thème, cet astre représente une faculté de voyance. Pour les femmes, mal aspecté, il peut signaler des violences conjugales (physiques ou psychologiques) ou des relations rythmées par des crises intenses.

En dominance (sur l'ascendant, le Mc, le Soleil ou la Lune)

S'il reçoit de bons aspects, Junon donne au natif joie, gaîté, goût, charme, volupté, sensualité et équilibre émotionnel. Dans le cas inverse, il rend envieux, jaloux, colérique, excessif…

Orientation en relation avec cette planète

Toutes les activités en relation avec la vie conjugale (agence matrimoniale, conseiller[ère] conjugal[e], thérapeute de couple…), les métiers de la mode (styliste, modèle…) ou du luxe, voire de l'hôtellerie, les postes de représentation ou à responsabilités…

Junon dans les 12 signes

Junon en Bélier

Bien aspecté : tempérament passionné et enflammé. Désir de vivre une relation fusionnelle. Sujet cherchant une histoire qui le fera vibrer.
Mal aspecté : jalousie, colère, infidélité du partenaire, parfois violences conjugales.

Junon en Taureau

Bien aspecté : natif en quête d'une relation solide et stable. Sujet fidèle en amour. Sensualité. Grand potentiel de séduction. Goût pour la bonne chère.
Mal aspecté : sujet ayant parfois tendance à céder à l'excès. Obligation de mener une vie saine et équilibrée.

Junon en Gémeaux

Bien aspecté : natif ayant besoin d'échanges dans ses relations et dans ses amours. Parfois amitiés amoureuses. Grande capacité à convaincre les autres.
Mal aspecté : vie amoureuse compliquée, sujet pouvant se montrer manipulateur…

Junon en Cancer

Bien aspecté : famille indispensable à l'équilibre du sujet. Mère assez présente. Natif aspirant à la

construction d'un couple et d'une famille. Importance du lieu de vie.
Mal aspecté : manque de repères familiaux, blessures d'abandon ou de trahison…

Junon en Lion

Bien aspecté : sujet donnant une grande importance à l'amour et à l'idée de couple. Recherche d'une relation sincère et épanouissante qui évoluera vers quelque chose de solide.
Mal aspecté : natif extrêmement exigeant et idéaliste, implication trop rapide dans les relations, jalousie…

Junon en Vierge

Bien aspecté : désir et recherche d'une relation amoureuse stable et rassurante. Grande capacité d'observation.
Mal aspecté : difficultés à s'ouvrir à l'amour et à exprimer ses sentiments. Choix de la solitude plutôt que des histoires médiocres.

Junon en Balance

Bien aspecté : notion du deux et du couple extrêmement importante dans l'évolution sentimentale du natif. Désir d'équilibre et d'harmonie en amour. Parfois (seulement pour les hommes), si le thème le confirme, faculté de voyance.
Mal aspecté : difficultés à trouver son équilibre amoureux.

Junon en Scorpion

Bien aspecté : sujet en quête de passions et d'histoires intenses. Fuite de la monotonie. Besoin de fusion avec l'autre. Pour certains hommes, faculté de clairvoyance…

Mal aspecté : vie sentimentale faite de ruptures et de deuils, voire de renoncement, jalousie à l'extrême, colère mal dirigée…

Junon en Sagittaire

Bien aspecté : natif ayant besoin de fantaisie dans sa vie amoureuse. Tempérament enflammé et passionné. Goût de l'ailleurs ou des expériences insolites.

Mal aspecté : sujet éprouvant des difficultés à s'engager ou à vivre sa vie amoureuse. Les aventures rythment son existence.

Junon en Capricorne

Bien aspecté : grand besoin d'équilibre qui pousse le natif à s'engager dans une relation sage où les sentiments ne sont pas toujours présents. Grande force de caractère.

Mal aspecté : destin marqué par la solitude, la peur de l'abandon ou de la souffrance…

Junon en Verseau

Bien aspecté : sujet peu à l'aise avec l'idée d'engagement et de mariage. Désir de vivre une union libre sans prise de tête. Grande inventivité et originalité.

Mal aspecté : le chemin sentimental du natif est parfois chaotique et fait de nombreuses insatisfactions…

Junon en Poissons

Bien aspecté : l'union amoureuse est vécue comme fusionnelle. Le sujet est parfois indissociable de sa moitié. Belle intuition ou bon sens psychologique.

Mal aspecté : vie amoureuse floue, dissolue, instable. Perte d'identité. Jalousie maladive. Perte de réalité. Confusion des genres.

Junon en maison

Junon en I

Bien aspecté : personnalité flamboyante. Charme extrêmement développé. Force de caractère. Capacité à s'imposer dans tous les domaines…
Mal aspecté : tempérament impulsif et parfois colérique. Tendance à céder facilement à la jalousie. Manque de confiance en l'autre.

Junon en II

Bien aspecté : attachement au matériel, à la sécurité ou à sa position. Désir de réussir ou d'atteindre un certain équilibre financier ou professionnel.
Mal aspecté : natif ayant un rapport compliqué et compulsif avec l'argent. Vie professionnelle faite de résistance ou renoncement.

Junon en III

Bien aspecté : natif sociable, ouvert d'esprit et communicatif. Grande capacité d'écoute. Importance donnée à l'amitié. Sujet détestant la trahison ou les histoires.
Mal aspecté : difficultés à trouver sa voie ou son chemin. Tendance à l'isolement. Peur de l'autre. Parfois rivalités.

Junon en IV

Bien aspecté : bonne position prédisposant à l'équilibre familial et même conjugal. Grande

importance donnée à son foyer ou lieu de vie. Fin de vie sereine.
Mal aspecté : univers familial source de tensions, manque de repères, instabilité, besoin de déménager régulièrement.

Junon en V

Bien aspecté : belle position pour réussir une vie amoureuse. Soif d'une histoire vraie qui aboutira à une construction solide. Sujet possédant charme et sex-appeal.
Mal aspecté : vie amoureuse du sujet faite de flirts et d'aventures. Problème familial ou avec les enfants.

Junon en VI

Bien aspecté : grande ambition et capacité de travail. Désir d'équilibre et de stabilité au quotidien.
Mal aspecté : vie parfois difficile et faite d'obstacles. Renoncement. Santé fragile.

Junon en VII

Bien aspecté : position favorable à une vie sentimentale épanouie et heureuse. Union et mariage facilités. Vie sociale riche et intense.
Mal aspecté : difficultés à trouver son équilibre amoureux, aventures, flirts, infidélité, jalousie. Pour les femmes, parfois violences conjugales.

Junon en VIII

Bien aspecté : sujet exclusif et possessif en amour. Désir de vivre au rythme d'une passion. Capacité à se remettre en question.
Mal aspecté : destin fait de crises diverses, jalousie

extrême, violence dans les rapports aux autres ou avec le partenaire…

Junon en IX

Bien aspecté : grand idéalisme poussant à rechercher un amour illusoire ou inaccessible. Fuite des habitudes. Grande curiosité d'esprit. Quête de spiritualité.

Mal aspecté : instabilité émotionnelle. Natif passant d'un état d'âme à l'autre. Mal-être personnel. Mauvaise image de soi et des autres.

Junon en X

Bien aspecté : si d'autres éléments le confirment dans le thème, signe d'une belle réussite professionnelle. Vie sociale enrichissante. Reconnaissance.

Mal aspecté : natif craint dans son travail. Excès d'autorité. Extrémisme. Idéologie dangereuse.

Junon en XI

Bien aspecté : sphère relationnelle ou amicale riche et diversifiée. Nombreux projets source d'épanouissement. Curiosité d'esprit poussant à élargir ses horizons. Pour un homme, parfois clairvoyance.

Mal aspecté : entreprise utopiste et illusoire, déceptions amicales…

Junon en XII

Bien aspecté : natif tendant à agir ou à rester dans l'ombre. Hyperémotivité demandant à être contrôlée ou rationalisée.

Mal aspecté : enfermement, sentiment de trahison, personnalité revêche…

La Lune noire moyenne

Sur le plan astronomique, c'est un point fictif qui se trouve sur la trajectoire orbitale de la Lune et qui correspond au second foyer de l'orbite lunaire dont la position est plus ou moins la même que celle de l'apogée.
Elle met 8 à 10 mois pour parcourir un signe, soit 8 à 10 ans pour traverser le zodiaque.
Elle gouverne le Cancer et le Scorpion.
(Personnellement, je ne prends en compte que la Lune noire moyenne, car c'est elle qui semble la plus parlante dans l'étude des thèmes.)

La symbolique de Lune noire moyenne est assez proche de celles de Saturne, Uranus et Pluton. Si certains astrologues la voient comme le poids du karma et de douleurs diverses, pour bien l'interpréter, il convient de dépasser cette image vieillotte. La Lune noire moyenne est avant tout le symbole de la dureté, de la rigueur, de l'absence ou du manque, du silence et du mépris… C'est également la capacité à prendre du recul, à refuser une situation. Elle est indice de rébellion, d'insoumission, d'originalité, de prise de distance, de ruptures, de choix. C'est un signe d'indépendance, de marginalisation ou de différenciation, d'intuition ou de clairvoyance. Pour une certaine famille d'astrologues, elle est le couteau ou le scalpel qui tranche, coupe, déchiquète, sépare et rompt…

Dans un thème, son emplacement est le point de l'hyperconscience du sujet.

En dominance (sur l'ascendant, le Mc ou le Soleil et la Lune)

Elle rend vif, acerbe, piquant, rebelle et très intuitif. Elle pousse à sortir des sentiers battus, à se différencier, à se marginaliser, à s'ouvrir à des domaines peu conventionnels. Si d'autres éléments du thème le confirment, elle est signe d'une vie d'exception. Bien aspectée, elle octroie clairvoyance, capacité à mettre en lumière ce qui est enfoui, oublié ou inavouable. Elle rend prompt aux remises en question. Mal aspectée, le natif est entier et inflexible. Elle l'amène à rompre ou à renoncer plutôt que subir une situation ou une personne. Elle « parle » de transgression, de désobéissance et est peu favorable à la venue d'enfants.

Orientation en relation avec cette planète

Les métiers en relation avec la chirurgie ou encore la criminalité. Toutes les activités qui amènent à éclairer ou à sortir de l'ombre (astrologie, voyance, numérologie, psychologie…). Les carrières hors norme qui demandent sacrifice (politique, poste à hautes responsabilités). Métiers où la sécurité est absente (indépendant, intermittent du spectacle…).

La Lune noire moyenne dans les 12 signes

Lune noire moyenne en Bélier

Bien aspectée : grande impulsivité, désir d'absolu, soif de nouveauté, goût extrême du risque, besoin de sortir des sentiers battus.

Mal aspectée : tempérament impétueux ou violent. Esprit de révolte et colérique.

Lune noire moyenne en Taureau

Bien aspectée : désir de ne pas être associé à la masse, refus du conventionnel et de l'ordre établi, recherche de jouissance et de plaisirs absolus, esprit réaliste et intuitif…

Mal aspectée : capacité à se différencier des autres, rejet de la norme, besoin de fantaisie ou d'originalité à l'extrême…

Lune noire moyenne en Gémeaux

Bien aspectée : natif franc et direct, parfois trop dans ses échanges avec les autres, grand besoin de compréhension, soif de découverte et de connaissance. Amitiés exclusives ou changeantes.

Mal aspectée : quête d'identité, difficultés à communiquer, tendance à la manipulation…

Lune noire moyenne en Cancer

Bien aspectée : désir d'indépendance, relations familiales fusionnelles ou distantes, grande intuition, inventivité et créativité, natif original.

Mal aspectée : rupture familiale, manque de repères, conflits, drame familial, difficultés à canaliser ses émotions…

Lune noire moyenne en Lion

Bien aspectée : natif possédant une certaine ambition, grande force de caractère, refus de la médiocrité, quête d'un amour absolu…

Mal aspectée : ego très développé, insatisfaction constante, excès d'autorité ou difficultés avec l'autorité, vie amoureuse chaotique…

Lune noire moyenne en Vierge

Bien aspectée : natif perfectionniste à l'excès ou rejet de l'ordre, grand sens critique, bonne analyse des situations ou des personnes, capacité à rompre avec les habitudes.

Mal aspectée : grain de folie, tendance à fuir la routine et les obligations, besoin de s'extraire des règles de la société…

Lune noire moyenne en Balance

Bien aspectée : sensibilité extrême, soif de justice ou refus absolu de l'injustice, rébellion contre les règles établies, vie sentimentale rimant avec union libre…

Mal aspectée : refus du mariage ou de la vie à deux, difficultés à accepter l'autorité, natif en quête d'un équilibre introuvable…

Lune noire moyenne en Scorpion

Bien aspectée : natif piquant, critique, acerbe et d'une grande perspicacité. Attirance pour les situations difficiles ou glauques. Grande capacité à aller au fond des choses.

Mal aspectée : tendances autodestructrices, sujet ayant du mal à satisfaire ses désirs…

Lune noire moyenne en Sagittaire

Bien aspectée : natif repoussant toujours plus ses

limites, soif d'inconnu et de diversité, désir d'émancipation et de liberté, parfois quête spirituelle…
Mal aspectée : difficultés à prendre ses responsabilités ou à faire face à la réalité, fuite, refus, rébellion, renoncement dans tous les domaines.

Lune noire moyenne en Capricorne

Bien aspectée : natif ayant une approche bien à lui des situations ou des personnes, introspection, désir de solitude, ambition assez poussée…
Mal aspectée : froideur extrême, manque d'empathie, besoin de repli sur soi, égoïsme, sujet jouant un rôle pour pallier ses propres manques en société…

Lune noire moyenne en Verseau

Bien aspectée : intérêt pour tout ce qui est nouveau ou inconnu, grande capacité de clairvoyance (si le thème le confirme), anticonformisme, besoin de se démarquer ou de se faire remarquer…
Mal aspectée : rejet des règles de la société ou de son fonctionnement, marginalisation…

Lune noire moyenne en Poissons

Bien aspectée : refus du sacrifice ou fascination pour celui-ci, inconscient extrêmement développé, sujet aimant les situations floues ou qui manquent de lumière…
Mal aspectée : problèmes psychologiques, craintes, angoisses, crises existentielles, idéalisme exagéré, perte de la réalité…

La Lune noire moyenne en maison

Lune noire moyenne en I

Bien aspectée : natif débordant de magnétisme. Intuition extrêmement développée (voyance si le thème le confirme), besoin de sortir des sentiers battus.

Mal aspectée : sujet exerçant une certaine emprise sur les autres ou une réelle fascination. Vie qui sort de l'ordinaire…

Lune noire moyenne en II

Bien aspectée : refus de travailler ou de gagner sa vie comme les autres, ambivalence vis-à-vis de l'argent (désir et rejet), chemin professionnel assez étonnant.

Mal aspectée : désir de réussite absolu, natif parfois prêt à tout pour arriver à ses fins. Possible vol ou détournement d'argent.

Lune noire moyenne en III

Bien aspectée : natif exigeant et très sélectif dans ses relations, vie amicale ou sociale faite de changements, sens critique extrêmement poussé, humour très personnel…

Mal aspectée : insociabilité, tendance au jugement excessif, refus d'entrer dans le moule…

Lune noire moyenne en IV

Bien aspectée : relations familiales à la carte, fort désir d'émancipation, capacité à rompre avec les habitudes et les principes, déménagements fréquents, style de vie original…

Mal aspectée : rupture familiale, désaccords familiaux, besoin de se différencier de ses racines, désir de vivre autrement…

Lune noire moyenne en V

Bien aspectée : vie amoureuse qui sort de l'ordinaire, les unions sont souvent étonnantes ou en décalage avec les mœurs de la société, magnétisme, aura, capacité à convaincre…

Mal aspectée : refus du couple ou de la maternité, deuil sentimental ou familial, vie rythmée par les désirs…

Lune noire moyenne en VI

Bien aspectée : fuite de la monotonie ou d'un quotidien trop bien réglé, besoin de fantaisie et d'originalité, activité ayant un lien avec l'orientation de la Lune noire. Mal aspectée : tendance à sortir des sentiers battus, marginalisation, troubles psychologiques ou problèmes de santé…

Lune noire moyenne en VII

Bien aspectée : vie conjugale ou associative pouvant sortir de l'ordinaire. Sujet peu favorable au mariage, besoin d'avoir une personne étonnante dans sa vie sentimentale. Mal aspectée : rejet de la vie de couple, perte du partenaire, solitude à deux, problèmes juridiques importants, ruptures de contrats…

Lune noire moyenne en VIII

Bien aspectée : bel instinct de survie, capacité à voir au-delà des apparences, bon sens critique, fascination pour la mort ou les domaines s'en rapprochant.

Mal aspectée : tendance suicidaire, problèmes psychologiques (névroses, obsession…), autodestruction, vie faite de crises diverses…

Lune noire moyenne en IX

Bien aspectée : désir de liberté et d'indépendance, fuite des contraintes. Sujet ayant du mal à tenir en place. Fascination pour la spiritualité, l'étranger ou la religion. Magnétisme certain.

Mal aspectée : peur de l'inconnu ou soif constante de nouveauté, tendance à la révolte…

Lune noire moyenne en X

Bien aspectée : vie qui sort de l'ordinaire. Belle position pour se différencier de la masse et suivre son propre chemin ou ses propres règles. Métier permettant d'aider les autres à avoir des prises de conscience (psychologie, voyance, astrologie).

Mal aspectée : sujet refusant de penser ou de vivre comme les autres.

Lune noire moyenne en XI

Bien aspectée : natif extrêmement sélectif dans ses relations, projets originaux et surprenants, clairvoyance et avant-gardisme, grande inventivité…

Mal aspectée : parfois difficulté à trouver sa place dans la société, remises en question régulières de la sphère amicale, projets hors norme…

Lune noire moyenne en XII

Bien aspectée : sujet tendant à fuir l'idée d'enfermement ou de limitation. Capacité à faire face aux épreuves, résilience. Libération du karma ou des mémoires bloquantes. Bonne intuition. Mal aspectée : manque de sociabilité, repli sur soi volontaire ou subi, interventions chirurgicales, épreuves douloureuses…

Les Nœuds lunaires

Pour résumer, sur le plan astronomique, les nœuds sont formés par le croisement de deux plans d'écliptique (la course du Soleil autour de la Terre et celle de la Lune autour de la Terre).
Face à face, ils parcourent le zodiaque dans le sens inverse des planètes. Ils mettent entre 17 et 18 mois pour visiter un signe, soit entre 204 et 216 mois pour traverser les 12 signes.
(Ces deux points sont indissociables et s'interprètent ensemble.)

Le Nœud Sud

Ce point astro est assimilé aux vies antérieures, au karma, au magma des émotions primitives et à tout ce qui est refoulé ou en attente (inconscient, mémoire et souvenirs enfouis, traumas d'enfance…). D'une certaine manière, il représente plus ou moins le potentiel de départ d'une personne. S'il indique d'où l'on vient, il est également le premier nœud ou la première problématique que le sujet aura à résoudre dans son existence.

INFOS

Sur le plan des aspects, comme les deux nœuds se trouvent face à face, on ne tient compte que des conjonctions avec les nœuds pas des oppositions.

Le Nœud Nord

Dans un thème, il se place face au Nœud Sud, c'est son opposé. Si l'axe Sud évoque les acquis, les bagages, les souvenirs ou ce qui est en attente, le Nœud Nord, lui, est synonyme d'éveil, de révélation, d'exploitation des talents et de réalisation personnelle. Il représente la direction dans laquelle le natif devra aller pour trouver son épanouissement. Dans un thème, le Nœud Nord sublime la planète avec qui il est en conjonction en la libérant des tensions planétaires. À son contact, elle devient positive.

INFOS

Sur le plan des aspects, comme les deux nœuds se trouvent face à face, on ne tient compte que des conjonctions avec les nœuds pas des oppositions.

Les axes des Nœuds lunaires dans les signes

Axe Sud en Bélier, Nord en Balance

Le sujet va devoir apprendre à s'ouvrir aux autres. Tout dans sa vie l'incitera à se montrer moins indépendant. Il devra également travailler sur la patience, la mesure et le discernement afin de trouver son équilibre.

Axe Sud en Taureau, Nord en Scorpion

Cette polarité amène le natif à ne pas s'attacher au matériel. Tout au long de son existence, il va devoir travailler sur l'impermanence et apprendre à se remettre en question. Il lui sera également demandé d'être moins terre à terre et plus intuitif.

Axe Sud en Gémeaux, Nord en Sagittaire

C'est un axe qui est essentiellement tourné vers les échanges. Il peut d'ailleurs donner une certaine facilité pour les langues étrangères ou pour toutes les activités de contact. Dans sa vie présente ou future, le natif devra sortir des sentiers battus, se dépasser et s'ouvrir à d'autres horizons.

Axe Sud en Cancer, Nord en Capricorne

Le natif donne une grande importance à ses racines, sa famille, ses souvenirs. Il peut d'ailleurs être assez nostalgique. L'idée de responsabilités et de devoirs sera fortement présente dans sa vie. Tout l'incitera à gagner en autonomie et à travailler sur la notion de solitude ou d'introspection.

Axe Sud en Lion, Nord en Verseau

Si le sujet a été centré sur lui-même dans une autre existence ou au début de sa vie, les événements l'inciteront à être plus attentif aux autres ou à donner une plus grande importance au collectif. Son parcours sera une suite de prises de conscience personnelles.

Axe Sud en Vierge, Nord en Poissons

Cette « direction » est régulièrement associée à la santé, au service et même au sacrifice. Cet axe invite le natif à être un peu moins dans la précision et plus dans la vision globale des situations ou des événements. Le lâcher-prise et la capacité à prendre le large lui permettront de se libérer.

Axe Sud en Balance, Nord en Bélier

Ici, le sujet va devoir apprendre à être plus vif, plus réactif et plus indépendant. Il va lui falloir être plus à l'écoute de ses désirs et de ses aspirations. Lutter contre les hésitations et faire preuve de spontanéité, voici ce qui l'aidera à atteindre son objectif de vie.

Axe Sud en Scorpion, Nord en Taureau

Le natif va devoir prendre ses responsabilités et faire preuve de détermination. Cet axe l'invitera à travailler sur l'ancrage, l'enracinement personnel ou matériel afin qu'il trouve sa stabilité. Il devra donc fuir les situations qui le mettront en danger ou qui seront source d'instabilité.

Axe Sud en Sagittaire, Nord en Gémeaux

Ici, le sujet va devoir apprendre à mesurer et poser ses mots. Il lui faudra faire preuve d'une plus grande maîtrise de la communication. Il aura l'occasion de développer sa capacité d'adaptation et sa polyvalence. Parfois, cela amène un parcours atypique fait d'instabilité.

Axe Sud en Capricorne, Nord en Cancer

Dans cette vie, le natif va devoir apprendre à être un peu moins rationnel et un peu plus inventif. Il lui faudra faire émerger sa créativité. Son existence l'amènera certainement à expérimenter la famille, quelle que soit la forme qu'elle prendra ou ses origines. Il y a ici l'idée d'intégration à un clan.

Axe Sud en Verseau, Nord en Lion

Ici, le sujet va devoir travailler sur son pouvoir personnel. Son destin l'incitera à se différencier du groupe ou de la société pour exploiter son potentiel. C'est un chemin propice à la découverte de soi et à la conquête de l'indépendance, le risque pour le natif étant d'être trop centré sur lui.

Axe Sud en Poissons, Nord en Vierge

Tout obligera le natif à faire preuve de plus de raison et d'analyse. Plutôt que de se noyer dans un verre d'eau, il va devoir apprendre à séparer, classer et hiérarchiser les événements ou les situations. Garder les pieds sur terre, s'ancrer, fuir les logiques irrationnelles, voici tout son travail.

Axe des nœuds en maison

Axe Sud en I, Nord en VII

Le natif va devoir apprendre à s'extérioriser. Toute son évolution va passer du moi au nous. S'intégrer en société, avoir une vie publique, s'axer plus sur sa vie amoureuse et éventuellement s'installer dans un couple, une relation ou une association professionnelle fera partie de son chemin.

Axe Sud en II, Nord en VIII

Ici, le sujet doit intégrer la notion de lâcher-prise. Il doit apprendre à être moins dans le contrôle et la matière. D'une certaine manière, il doit faire l'expérience de l'insécurité, de l'inconnu et du risque. Se dépasser, puiser dans ses réserves, affronter les deuils, renoncer, se transformer, se fier à ses intuitions, voici ce qui caractérisera sa voie.

Axe Sud en III, Nord en IX

Tout va amener le natif à acquérir une connaissance

supérieure ou à s'intéresser à la spiritualité. Au fil des années, il devra être moins raisonné et moins cérébral pour être plus spontané, voire plus curieux. Les voyages, quels qu'ils soient, le formeront et développeront sa personnalité.

Axe Sud en IV, Nord en X

La vie va inciter le sujet à s'ouvrir à d'autres horizons, à se prendre en charge, à s'intégrer dans la société et à tracer son propre chemin. Ainsi, devra-t-il marquer une rupture avec son milieu familial et se différencier. Il va devoir s'axer sur sa carrière et non sur la famille.

Axe Sud en V, Nord en XI

Si dans une autre vie, le natif a trouvé réconfort et sécurité dans ses amours ou la famille, cet axe lui demande de s'ouvrir davantage aux autres. Il doit donc travailler sur la notion d'amitié et de mise en relation avec autrui. Tout l'amènera à regarder vers l'avenir et à expérimenter la nouveauté.

Axe Sud en VI, Nord en XII

C'est très certainement l'axe le moins facile à vivre puisqu'il est question de santé et de maladie. Ainsi, le natif devra-t-il accepter de souffrir ou de renoncer à un bon équilibre énergétique. Sur le plan professionnel, la notion de service, d'aide et d'écoute peut le libérer d'un poids.

Axe Sud en VII, Nord en I

Ici, tout incite et amène à travailler sur sa personnalité. Il est question du Moi. Se différencier et se détacher des autres ou de l'autre pour expérimenter son propre pouvoir. Gagner en autonomie, s'aimer soi-même, vivre pour soi, voici les quelques défis demandés au natif.

Axe Sud en VIII, Nord en II

Cette direction tend à arrêter de vouloir se transformer ou de modifier un état. L'équilibre passe par la capacité à construire, à consolider, à faire perdurer quelque chose ou à s'ancrer profondément dans la terre. Savoir gérer son budget, faire des investissements, stabiliser sa carrière, voici ce qui contribuera au bien-être du sujet.

Axe Sud en IX, Nord en III

Si le natif a été centré sur un groupe ou une communauté durant une autre existence, l'axe 9-3 va le pousser à se concentrer sur ses amis proches et sa fratrie. De même, c'est en acceptant d'étudier ou de reprendre plusieurs cycles d'études au cours de sa vie qu'il évoluera.

Axe Sud en X, Nord en IV

Ici, le sujet doit apprendre de la société afin de mieux gérer sa propre existence. Il doit accepter d'être moins public ou reconnu. Toute son évolution va se jouer dans une sphère plus intimiste. Parfois, cet axe favorise grandement le travail chez soi ou pour soi et met l'accent sur la famille.

Axe Sud en XI, Nord en V

C'est en exploitant son propre capital que le natif va pouvoir s'épanouir. Ainsi, il ne devra compter que sur lui et son potentiel. Si dans une autre existence, les autres (amis et relations) ont orienté sa vie, aujourd'hui, c'est en s'axant sur sa vie amoureuse, ses œuvres, ses aspirations qu'il se construira.

Axe Sud en XII, Nord en VI

Dans cette configuration, le natif doit accepter de panser ses plaies, ses peurs, ses manques pour mieux appréhender son quotidien. Il doit dépasser les blocages et les traumas vécus au début de sa vie et trouver un sens profond à son existence. Servir, être utile, apporter aux autres peut être une solution. Ici, la santé est également fragilisée.

VI - LES ASPECTS PLANÉTAIRES

Les aspects planétaires majeurs

Ils sont au nombre de six. Ils comprennent la conjonction, le sextile, le carré, le trigone, le quinconce et l'opposition. Ce sont eux qui permettent d'affiner l'analyse planétaire et qui rendent les influences d'un thème « positives » ou « négatives ».

La conjonction

INFOS

Il s'agit de l'union de deux planètes sur un même degré (0 °), l'écart accepté entre les deux astres est de 8 °.

C'est un aspect neutre qui allie le symbolisme de deux planètes. Il se teinte souvent de la couleur des autres aspects (sextile, carré, trigone, quinconce, opposition). Dans un thème, la conjonction peut soit être indice d'atouts, de possibilités, de capacités, soit de blocages, de handicaps, voire de tensions ou de problématiques.

Le sextile

INFOS
Différentiel de 60° entre deux planètes, l'orbe accordé est de + ou – 4° dans le thème, il est positif.

Son sens et son interprétation sont très proches du trigone. Il donne des informations supplémentaires sur le caractère et les capacités du natif. Les astres reliés par cet aspect mettent en commun leurs talents. Plus un natif possède de sextiles dans son thème, plus il dispose d'atouts pour réussir dans les maisons qu'il relie. Il facilite l'expression de soi, l'émergence d'idées et donne un certain dynamisme.

Le carré

INFOS
Il correspond à l'écart de 90° entre deux planètes. Son orbe se situe entre 0 et 8° dans un thème.
Une loi veut que plus quelqu'un aura de carrés dans son thème, plus il sera réactif, dynamique et combatif.

Vu comme un aspect négatif, il met en lumière une problématique et parfois une épreuve. Il trouve sa résolution dans un sextile, un trigone ou un quinconce. Source de tensions, de conflits et de stress, plus il y a de carrés dans un thème, plus la vie du natif sera faite de luttes et de combats demandant détermination, résistance et dépassement de soi. Cela peut également être un indice de rébellion.

Le trigone

INFOS
C'est l'espacement de 120° entre deux planètes. L'orbe accepté dans un thème est de 8°. Il est positif.
Trop de trigones dans un thème tendent à se laisser porter par les événements et à camper sur ses acquis. Le trigone adoucit les effets des carrés et des oppositions en offrant une porte de sortie.

Cet aspect confère des talents innés, des dons naturels en lien avec les planètes qu'il unit. D'une certaine manière, c'est un facilitateur de vie. Un thème avec beaucoup de trigones se teinte d'un certain optimisme. Il est souvent le signe de bien-être et d'équilibre personnel.

Le quinconce

INFOS
Peu utilisé, c'est l'écart de 150° entre deux astres ou points forts du thème. Dans une carte du ciel, l'orbe accepté est de 2°. S'il relie des planètes mal aspectées (carré ou opposition), il permet de les utiliser de façon constructive et oriente positivement leurs énergies afin que celles-ci deviennent des atouts et non des blocages.

Cet aspect évoque les grands événements, les évolutions majeures, les prises de conscience, les révélations et parfois les remises en question qui interviendront dans la vie du natif. Les planètes reliées par lui mettent « leurs énergies » au service les unes des autres et permettent au natif d'utiliser ses vraies ressources ou son potentiel. Plus il y a de quinconces dans un thème, plus cela indique la nécessité d'un travail sur soi pour faire germer de nouvelles capacités.

L'opposition

INFOS
Elle sépare les planètes et/ou les points clés du thème de 180°, soit à l'opposé l'un de

l'autre. L'orbe pris en compte dans un thème de naissance est de + ou – 9°.
Le sextile, le trigone et le quinconce sont la solution à une opposition et permettent d'en faire un atout. La signification d'une opposition n'est pas très éloignée d'une conjonction.

Si parfois l'opposition est source de blocages, d'obstacles, de frustrations, elle peut également faire émerger des facultés étonnantes (tout comme la conjonction). Le plus souvent, elle incite le natif à sortir de sa zone de confort, à bouger, à se dépasser, à rompre avec une situation donnée… Cet aspect est un indice d'une hypersensibilité en relation avec les planètes qu'il relie.

Les aspects planétaires

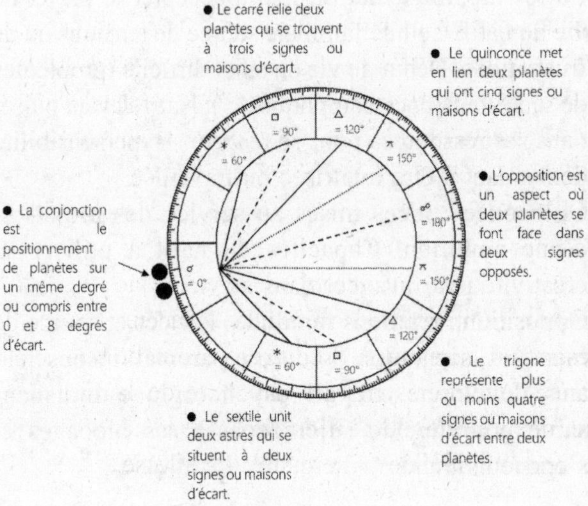

Interprétations des aspects

Lune – Soleil

Conjonction : (selon les aspects reçus) bel équilibre psychologique ou difficultés à faire cohabiter les différentes émotions qui habitent le sujet. Union planétaire interrogeant sur le couple parental ou sur la vie conjugale du natif. Belle intuition. Métier possible avec les enfants, le public, une clientèle ou l'artistique…

Trigone ou sextile : sujet aspirant à l'harmonie et l'équilibre. Bonne relation avec la famille (à préciser avec l'ensemble du thème), bien-être, épanouissement personnel ou professionnel. Bonne capacité à s'intégrer et à communiquer.

Carré : famille ayant du mal à accepter le projet de vie du natif. Cellule familiale source de tensions ou de frustrations. Début de vie du sujet difficile (problèmes de santé, naissance compliquée…). Natif devant puiser dans ses ressources pour se réaliser. Hypersensibilité demandant à être maîtrisée ou travaillée.

Quinconce : idées mises au service des projets et d'une ambition. Capacités du natif à utiliser sa créativité pour avancer dans sa vie…

Opposition : relations familiales lourdes et source de manques, séparation du couple parental, inconscient très développé, travail psychologique indispensable pour que le sujet dépasse ses blocages et s'épanouisse…

Lune – Mercure

Conjonction : bel aspect qui rend doux, aimable, curieux, sociable et intuitif. Bonne capacité d'adaptation. Aspect propice pour les activités liées à l'écriture, l'enseignement, au commerce ou à la vente, à l'art ou aux médias…
Trigone ou sextile : belle capacité d'écoute, douceur, intérêt pour les autres, facilité dans les échanges, inspiration, jovialité, adaptation, créativité…
Carré : difficultés de concentration, nervosité, angoisses, conflits dans les relations amicales ou familiales, études compliquées, besoin de sortir des sentiers battus ou de se différencier…
Quinconce : sensibilité utile lors des échanges, besoin de diversifier ses relations au quotidien…
Opposition : belle intuition qui demande à être maîtrisée. Difficultés à faire la différence entre désir et intuition, instabilité émotionnelle ou tiraillement entre plusieurs états d'âme.

Lune – Vénus

Conjonction : belles sensibilité, émotivité et créativité. Désir d'harmonie et de fusion. Natif donnant une grande importance à l'affectif. Goût du beau. Charme. Métier touchant à l'art, à la gastronomie, l'esthétique, la déco, le bien-être…
Trigone ou sextile : confère douceur, créativité, romantisme, bienveillance, capacité à s'épanouir, bonnes relations familiales ou conjugales, facultés artistiques…

Carré : cet aspect questionne sur la manière dont l'amour a été et sera transmis. Cela peut donner une émotivité éruptive et violente. Ingérence familiale dans la vie amoureuse, mal-être sentimental, difficultés à trouver son équilibre.
Quinconce : le natif devra mettre ses idées au service d'une cause, d'une activité ou d'une relation qui lui fait du bien afin d'atteindre l'épanouissement.
Opposition : difficultés à exprimer ses émotions ou à mener une vie amoureuse épanouissante. Hyperémotivité demandant un travail sur soi, parfois « don » artistique qui trouve son origine dans la souffrance.

Lune – Mars

Conjonction : imagination vive, sensibilité à fleur de peau, grande émotivité. Métier en relation avec le public, les enfants, l'art, la créativité. Aspect poussant à travailler chez soi ou pour soi. Relations familiales fusionnelles et passionnelles ou conflictuelles.
Trigone ou sextile : intuition et créativité sont très développées, les idées sont mises au service des projets et de l'action. Aspect donnant un certain magnétisme.
Carré : les émotions sont difficiles à contrôler ou à exprimer. Le natif est impulsif, colérique, imprévisible et capricieux. La famille peut être source de conflits ou de violence.
Quinconce : pour trouver son équilibre, le sujet devra mettre son imagination au service de ses actions.

Il devra également apprendre à canaliser ses émotions et à mieux les diriger.
Opposition : émotivité à fleur de peau difficile à diriger ou à exprimer. Vie intérieure parfois violente pouvant conduire à l'autodestruction. Famille ou vie amoureuse problématique et conflictuelle.

Lune – Jupiter

Conjonction : natif bienveillant, dynamique, sociable et chaleureux. Grande douceur. Sensibilité exacerbée. Intuition possible. Aspect propice à la réussite personnelle et à la reconnaissance. Sujet pouvant servir de guide dans de nombreux domaines… Travail avec les enfants, une clientèle ou le public.
Trigone ou sextile : grande capacité créative, inspiration, inventivité, épanouissement familial, générosité et gentillesse. Natif pouvant devenir un repère, un conseiller ou un modèle. Bonne popularité. Chance dans tous les domaines ou le secteur concerné.
Carré : extraversion excessive, sujet pouvant être sans gêne, superficialité, besoin de reconnaissance à tout prix, tendance à tous les excès, difficultés familiales ou émotionnelles…
Quinconce : le natif devra apprendre à croire en lui et en son potentiel pour parvenir à se réaliser, et ce, quel que soit le domaine.
Opposition : excès ou manque d'optimisme, problème pour exprimer ses émotions, tendance à passer d'une humeur à l'autre, difficultés à s'épanouir. Le bien-être

passe par un travail sur soi et une meilleure identification de la famille ou de la mère.

Lune – Saturne

Conjonction : (selon les autres aspects associés) repères familiaux solides ou lourdeur des relations familiales. Bonne maîtrise des émotions ou froideur, attachement aux habitudes et au confort. Quête de stabilité dans tous les domaines. Timidité, isolement. Métier en relation avec les enfants, les personnes âgées, l'administration ou une discipline demandant de la rigueur.
Trigone ou sextile : bonne gestion des émotions et de la sensibilité, intuition structurée et précise, imagination organisée. Patience, sérieux, détermination, volonté. Stabilité, fidélité, honnêteté. Prédispose aux métiers en lien avec l'histoire, le passé, la politique…
Carré : aspect complexe signe de manques, de douleurs, de frustrations affectives en lien avec l'enfance. Image du père et/ou de la mère mal intégrée. Existence parfois chaotique ou peu sécurisante.
Quinconce : le natif se servira de son imagination et de son intuition pour consolider sa situation ou pour avancer dans des entreprises à long terme.
Opposition : sa signification est proche de la conjonction. Froideur, manque de sociabilité, carapace, enfance difficile, mère peu démonstrative, hypersensibilité ou manque d'affectivité. Prédispose aux orientations en lien avec la Lune et Saturne.

Lune – Uranus

Conjonction : personnalité originale. Besoin de se différencier des autres. Extraversion. Créativité. Intuition ou clairvoyance. Grande indépendance d'esprit. Déménagements fréquents. Cellule familiale rompue ou inspirante. Intérêt pour l'astrologie, l'audiovisuel, l'image, les métiers nouveaux, les voyages…
Trigone ou sextile : belle intuition pouvant aller jusqu'à de la clairvoyance. Personnalité vive, inventive, inspirée, curieuse de tout et originale.
Carré : vie émotionnelle intense et changeante. Crise identitaire liée à la famille ou l'amour. Rupture familiale, divorce, épreuves en lien avec l'amour. Besoin de sortir des sentiers battus et de prendre des risques. Tendance à se révolter contre les règles établies…
Quinconce : pour trouver son équilibre, le sujet doit être plus à l'écoute de son intuition ou doit apprendre à exprimer sa créativité. Il doit rester ouvert à la nouveauté.
Opposition : sujet individualiste, revêche, marginal et parfois excentrique. Émotivité excessive. Univers familial marqué par la séparation des parents ou manquant d'attention. Grande intuition ou clairvoyance devant être maîtrisée et travaillée. Même orientation professionnelle que dans la conjonction.

Lune – Neptune

Conjonction : (selon les aspects reçus) intuition ou clairvoyance très développée, sensibilité intense, grande réceptivité, besoin d'évasion ou de voyages, intérêt

pour la spiritualité ou perte de la réalité, dépendance (drogue, alcool, médicaments...), problèmes psychologiques (schizophrénie, dépression, divagation...). Relations familiales ou avec la mère fusionnelles ou floues. Vie amoureuse confuse. Aspect prédisposant à la voyance, le médical, la finance, l'art, la déco...
Trigone ou sextile : imagination, inspiration, créativité, douceur, empathie, bienveillance, hospitalité, belle intuition ou clairvoyance, stabilité émotionnelle, vie amoureuse et familiale épanouissante.
Carré : natif passant d'un état d'âme à un autre, hypersensibilité handicapante, extrême réceptivité au stress et aux tensions, manque de réalisme, tendance à partir dans tous les sens, relations familiales ou avec la mère extrêmement difficiles, vie sentimentale erratique...
Quinconce : pour bien vivre, le sujet devra travailler sur ses émotions et son intuition afin de les canaliser. Joli potentiel créatif et intuitif qui ne demande qu'à être développé.
Opposition : *(signification très proche de la conjonction)* hypersensibilité, hyperémotivité, réceptivité extrême aux événements ou aux personnes, faculté de clairvoyance poussée (surtout si le thème le confirme), idéalisme débordant. Relations familiales distantes, fusionnelles ou parfois confuses... Prédispose à la voyance, aux soins, aux voyages...

Lune – Pluton

Conjonction : vie intérieure ou émotionnelle riche et intense, belle intuition, inconscient fortement

développé, position propice aux remises en question et au travail psychologique sur soi, déménagements fréquents possibles, relations avec la mère ou la famille passionnées ou difficiles, parfois deuil(s) familial(aux).
Trigone ou sextile : bon sens de l'à-propos et de la compréhension des événements, capacité à se remettre en question, grande curiosité d'esprit, intuition vive et belle réceptivité, relations familiales harmonieuses, intérêt pour l'invisible, la voyance, la mort ou les mystères…
Carré : vie familiale troublée ou relations avec la mère conflictuelles et destructrices, tendance à la révolte et à la colère, vie faite de luttes et frustrations, vie amoureuse difficile (divorce, déception, deuil physique ou psychologique), parfois fausse couche ou césarienne à l'accouchement…
Quinconce : le sujet devra travailler sur son intuition, son rapport à la mort ou aux changements pour être bien. L'acceptation ou le renoncement sera sa solution.
Opposition : très grande sensibilité et hyperémotivité pouvant être source de souffrance et qui demande un travail sur soi. Enfance difficile. Irritabilité exacerbée. Peur ou fascination pour la mort. Parfois esprit manipulateur. Si bien structurée par Saturne et si le thème le confirme : médiumnité.

Lune – Chiron

Conjonction ou opposition : sens de la pédagogie fortement développé ou fuite des relations sociales.

Facilité de contact avec les enfants. Natif pouvant servir de repère et de guide. Intérêt pour le bien-être, le paramédical ou le médical. Selon les aspects reçus, relations familiales d'une grande stabilité ou interrogation sur ses origines…
Trigone ou sextile : natif possédant une grande curiosité d'esprit, désir d'apprendre, belle créativité demandant à s'exprimer. Optimisme. Vivacité. Générosité. Écoute.
Carré : ici, il est question de souffrance et de marques en lien avec la famille ou la mère. Rébellion contre les règles ou la société. Parfois surplus émotionnel conduisant à la violence. Tendance à la jalousie.
Quinconce : le natif doit apprendre à bien utiliser sa sensibilité et sa créativité afin de pallier l'ennui. Grande ressource intérieure qu'il faudra aller chercher.

Lune – Cérès

Conjonction ou opposition : grand attachement à la famille ou rejet du modèle transmis par les parents. Questionnement sur ses racines ou sur ses origines. Relation ambivalente avec la nourriture ou la vie…
Trigone ou sextile : tempérament maternant et doux. Recherche d'équilibre émotionnel, sentimental et familial. Intérêt pour le bien-être. Natif serviable.
Carré : difficultés à faire des compromis. Caractère colérique et têtu. La vie du natif sera rythmée par plusieurs breaks ou par de grosses remises en question. Conflits familiaux ou conjugaux.

Quinconce : le sujet devra exprimer pleinement son potentiel créatif pour trouver son épanouissement, et ce, quel que soit le domaine.

Lune – Junon

Conjonction ou opposition : natif en quête d'équilibre et de stabilité ou insatisfactions permanentes l'empêchant d'être bien. Relations familiales fusionnelles ou empreintes de tensions, parfois rivalité. Vie amoureuse réussie ou subie. Natif pouvant être extrêmement jaloux ou ayant tendance à s'inventer des histoires. Superficialité.
Trigone ou sextile : tempérament généreux, attentionné, prévenant et disponible. Natif ayant besoin de servir de repère ou d'acquérir une certaine reconnaissance sociale. Vie familiale ou amoureuse stable.
Carré : cet aspect n'est pas un bon indicateur d'équilibre familial ou conjugal. Il prédispose aux conflits, aux désaccords, à la colère, à la jalousie, parfois à la méchanceté. Parfois cellule familiale violente.
Quinconce : la personne qui a cet aspect sera amenée à utiliser sa créativité et son imagination dans sa vie quotidienne. Prédispose au métier en relation avec le luxe.

Lune – Lune noire moyenne

Conjonction ou opposition : talents intuitifs, instinct surdéveloppé, empathie, capacité à aller au-delà des apparences, à dépasser l'impossible, début de

vie difficile, relations avec la mère fusionnelles ou inexistantes durant l'enfance, mère dépressive, grand-mère acariâtre… Position propice à la psychologie, la voyance. Parfois dépendance (drogue, médicaments, alcool), problèmes psychologiques ou tendances suicidaires si très mal aspectée. (Pour un homme, homosexualité ou bisexualité.)
Trigone ou sextile : bonne intuition et imagination débordante. Sujet sachant exprimer et gérer ses émotions ou appréhendant parfaitement ses complexités psychologiques. Rapports de fascination avec la mère ou la famille.
Carré : signe de marginalisation, d'une quête profonde de différenciation, de rébellion, de colère… Le chemin de vie du natif est souvent sinueux. Tendance à l'autodestruction ou violences vécues dans le cadre familial, voire conjugal.
Quinconce : le sujet ne pourra être bien que s'il accepte d'arrêter de lutter contre tout et rien. Il doit aussi écouter plus souvent ses intuitions.

Lune – Nœud Sud

Conjonction : grand attachement à la famille ou aux valeurs, imagination fertile, vie spirituelle ou artistique dans une autre existence, besoin de réfléchir à ses origines. Belle intuition.
Trigone ou sextile : l'imaginaire permettra au natif de dépasser ses blocages du passé. Besoin de confort et de sécurité, personnalité jouissant d'un grand potentiel de sympathie.

Carré : trop grande imagination qui peut nuire au sujet, désaccords familiaux, grande vulnérabilité ou influençabilité…
Quinconce : pour se libérer de son passé ou de souvenirs douleurs, voire de blocages, le natif devra exprimer sa créativité ou trouver une fonction où il pourra jouer un rôle clé auprès des autres.

Lune – Nœud Nord

Conjonction : capacité à dépasser les problèmes familiaux, besoin de se rapprocher de la mère ou d'entretenir des rapports plus harmonieux, famille importante durant la dernière partie de vie. Sujet doué pour l'art ou les domaines intuitifs. Orientation vers les enfants, le foyer, une clientèle ou un public.
Trigone ou sextile : aspect positif pour se construire une bonne réputation ou se faire apprécier des autres. Bonnes relations avec la mère ou la famille. Désir de construire sa famille. Protection dans le foyer ou les amours.
Carré : natif pouvant rencontrer des difficultés relationnelles avec sa mère ou sa famille (conflits, épreuves…), sensibilité et créativité mal gérées ou mal exploitées, confusion, troubles psychologiques possibles…
Quinconce : accès au bien-être grâce à l'acceptation de ses émotions, son intuition et sa créativité.

Soleil – Mercure

La distance étant au maximum de 28° entre le Soleil et Mercure, seule la conjonction est possible en aspect majeur.

Conjonction : grande capacité de communication, importance de l'amitié, besoin de mouvements, vie intellectuelle riche, bonne capacité de raisonnement. Mal aspectée, grande nervosité, instabilité ou tendance à avoir la bougeotte. Prédispose aux métiers du commerce, de l'écriture, du médical, des sciences, de la littérature…

Soleil – Vénus

La distance maximale qui peut séparer le Soleil et Vénus étant de 48°, seule la conjonction est possible en aspect majeur.

Conjonction : douceur, charme, magnétisme, sensualité, besoin de plaire et de séduire, grande importance de l'amour, vie sentimentale protégée, aspiration à l'engagement ou à vivre à deux. Talents artistiques ou culinaires, intérêt pour le bien-être.

Soleil – Mars

Conjonction : belle énergie, combativité, capacité à relever les défis, qualité de *leader*, besoin d'action au quotidien, dépassement de soi, faculté de magnétisme, recherche d'un partenaire vif et dynamique, fuite de l'ennui… Au négatif : violence, agressivité gratuite, jalousie.

Trigone ou sextile : belle capacité à s'investir dans un projet ou une activité, sens des responsabilités, sujet stratège et combatif, grande volonté, capacité à résister au stress. Réussite et chance dans les entreprises.

Carré : hyperactivité, difficultés à contrôler et à canaliser son énergie, tendance à entrer en conflit rapidement, tempérament colérique et parfois violent, autoritarisme ou refus de l'autorité…
Quinconce : sujet devant apprendre à diriger son énergie et ses actions pour être plus performant.
Opposition : même interprétation que la conjonction en un peu moins fort.

Soleil – Jupiter

Conjonction : aspect souvent symbole de réussite et de réalisation personnelles, ambition assumée, optimisme, joie de vivre, bonhomie, gourmandise, sociabilité, extraversion. Au négatif, égocentrisme, égoïsme, sujet prêt à tout pour réussir… Don de guérisseur. Orientations (conseils, enseignement, direction, politique…).
Trigone ou sextile : bienveillance, générosité, écoute, grande compréhension de l'humain, protection dans tous les domaines, chance, reconnaissance… Sujet pouvant servir de guide ou d'éclaireur.
Carré et opposition : autoritarisme, volonté de soumettre, sujet se pensant supérieur aux autres, prétention, arrogance, excès de confiance, démesure, mégalomanie, susceptibilité, égocentrisme, exagération des situations, problèmes d'ego avec le père ou le partenaire… Opposition : natif de peu de confiance.
Quinconce : sujet devant travailler sur lui pour dépasser son petit intérêt personnel et s'ouvrir à de plus grands horizons.

Soleil – Saturne

Conjonction : esprit concret et structuré, bonne capacité d'analyse, caractère logique et cartésien, grand attachement aux valeurs et à la famille ou ambiance familiale austère et rigide, père absent ou très influent, rigueur professionnelle, détachement émotionnel et manque d'affectivité, désir de stabilité, vie rythmée par le temps, tempérament solitaire. Métiers touchant à la raison, la science, l'administration, l'agriculture…
Trigone ou sextile : bonne résistance physique et psychologique, détermination, volonté, réflexion, efficacité d'action, réalisme, bonnes relations avec le père, réussite grâce à la patience…
Carré : relations difficiles avec le père, refus de l'autorité, conflits avec la hiérarchie, carence affective familiale ou conjugale, ennui au quotidien, apathie, difficultés pour trouver sa place ou réussir, obstacles dans de nombreux domaines…
Quinconce : sujet devant prendre sur lui et puiser en lui le courage nécessaire pour atteindre ses objectifs.
Opposition : froideur, rigidité, manque de spontanéité, blocages liés à l'enfance, relations complexes avec le père, sujet ne croyant en rien… Propice aux métiers rationnels et logiques.

Soleil – Uranus

Conjonction : grande originalité, clairvoyance développée, natif fantaisiste, esprit individualiste ou visionnaire, besoin de se démarquer des autres, parfois autoritarisme, extrémisme, tendance à la

rébellion, extravagance… Carrière dans la littérature, les médias, les sciences, l'aérien, le tourisme, les technologies nouvelles, l'astrologie ou les métiers d'avant-garde possible.
Trigone ou sextile : belle créativité et inventivité, capacités d'adaptation et d'intégration, originalité de penser, importance de l'amitié, esprit progressif, bonne intuition…
Carré : vie professionnelle faite de crises et de remises en question. Difficultés à accepter l'échec. Relations avec le père ou le conjoint tendues. Divorce possible. Problèmes de santé. Excentricité, sans-gêne, goût démesuré pour les voyages, manque de stabilité…
Quinconce : natif devant toujours être ouvert à la nouveauté. Doit développer sa curiosité d'esprit.
Opposition : symbolique assez identique à la conjonction, avec parfois peur de la nouveauté ou de l'imprévu, marginalisation, tendance à être à contre-courant, grande nervosité…

Soleil – Neptune

Conjonction : métiers possibles autour de l'art, du social, de la finance ou des soins. Au positif, bienveillance, émotivité bien intégrée, hypersensibilité, imagination, romantisme ou idéalisme, attirance pour la spiritualité ou les mystères, image du père idéalisée ou floue… Au négatif, flou, doutes, problèmes psychologiques, manque de réalisme…
Trigone ou sextile : natif doté d'une belle intuition et d'une grande sensibilité. Besoin de se sentir utile

ou d'aider les autres. Sujet esthète, doux, agréable à vivre, adaptable…
Carré : association peu propice à l'équilibre personnel. Natif confus, irrationnel, nerveux, angoissé et compliqué. Tendance à s'illusionner ou à se lancer dans des actions chimériques. Problèmes d'identité et/ou de relations avec le père. Tend à se perdre dans des substances hallucinogènes (drogue, alcool).
Quinconce : sujet devant s'ouvrir à d'autres horizons, d'autres réalités, d'autres modes de pensées pour trouver son équilibre.
Opposition : sujet pouvant être submergé par ses émotions, manque cruel de réalisme, marginalité, fuite des responsabilités, hyperémotivité, intuition développée mais pesante, père absent, instabilité d'humeur, difficultés à trouver sa voie ou son identité…

Soleil – Pluton

Conjonction : charisme, magnétisme, aura, grande volonté d'action, belle capacité de remises en question et d'adaptabilité, recherche de la passion, personnalité mystérieuse, ambition (parfois démesurée), soif de réussite, désir d'imposer son pouvoir, jalousie… Relations avec le père fusionnelles ou destructrices, voire douloureuses. Aspect ouvrant aux métiers en relation avec les orientations de Pluton.
Trigone ou sextile : force de caractère, volonté et ressources inépuisables, adaptabilité, courage, bon sens psychologique, forte intuition, sujet passionné mais éclairé…

Carré : impulsivité, tendance à repousser ses limites et à brûler la chandelle par les deux bouts, tempérament colérique et bagarreur. Caractère exclusif, excessif et parfois jaloux. Extrême sensibilité au stress. Autodestruction ou auto-sabotage. Relations avec le père ou le partenaire conflictuelles. Divorce possible.
Quinconce : pour trouver l'illumination et l'éveil, l'être devra se transformer, renaître de ses cendres, dépasser ses angoisses et ses blocages, accepter sa part d'ombre.
Opposition : hyperémotivité et hyperactivité face aux événements. Blocages dus à l'enfance ou crise identitaire profonde. Relations impossibles avec le père. Angoisses, peur. Désir de réussir par tous les moyens. Goût prononcé pour le mystère et l'irrationnel. Santé extrêmement fragile.

Soleil – Chiron

Conjonction ou opposition : talent d'orateur, sens pédagogique développé, sujet meneur d'hommes ou servant de guide, parfois don de magnétisme et de guérisseur, clairvoyance, endurance… Au négatif, natif peu sociable et rebelle, désir de se différencier… Père idéalisé ou très présent.
Trigone ou sextile : amabilité, écoute, sens du partage, bonne humeur, optimisme, goût d'apprendre et de transmettre des connaissances, bonnes relations avec le père. Intérêt pour les domaines en lien avec Chiron.

Carré : difficultés à se soumettre à une hiérarchie, refus des règles de la société, tendance à toujours être sur la défensive, esprit de conquête et querelleur poussé.
Quinconce : sujet trouvant son équilibre et son épanouissement en acceptant de partager des connaissances ou en élargissant ses horizons.

Soleil – Cérès

Conjonction ou opposition : peut-être un bon aspect de réussite ou de concrétisation des projets. Esprit objectif et concret. Bon sens de l'analyse. Intérêt pour l'écologie, l'agriculture, la nature, l'alimentation ou la naturopathie…
Trigone ou sextile : beau sens de la compréhension des situations et des événements, capacités à faire des compromis ou à trouver des solutions.
Carré : refus de céder ou de s'adapter, natif en quête constante d'équilibre, instabilité, tempérament boudeur et buté. Remariage du père ou de la mère, relations compliquées avec un beau-père ou une belle-mère.
Quinconce : c'est en déterminant des objectifs concrets et réalisables que le sujet aura la chance d'évoluer dans sa vie.

Soleil – Junon

Conjonction ou opposition : bon sens de l'observation ou bonne appréhension des situations, sujet charismatique et charmeur, désir d'équilibre et de stabilité.

Au positif, aspect propice à l'épanouissement familial ou sentimental. Goût du beau, attirance pour le luxe ou l'art. Pour un homme, si le thème le confirme, faculté de voyance. Au négatif, jalousie, ambition démesurée…
Trigone ou sextile : natif possédant charisme et panache, grande capacité à séduire, désir de plaire, vie sentimentale épanouissante empreinte de sensualité. Foyer équilibré et harmonieux.
Carré : difficultés à gérer les conflits ou les échecs, tempérament envieux, tendance à la colère, vie conjugale problématique et rythmée par des crises diverses. Si le thème le confirme, parfois violence au sein du couple ou de la famille.
Quinconce : natif devant dépasser son manque de confiance en lui et en les autres pour réussir à s'élever.

Soleil – Lune noire moyenne

Conjonction ou opposition : juste perception des événements ou des situations, lucidité extrême, tempérament entier et volontaire, indépendance d'esprit, sujet parfois rebelle, originalité, fantaisie, soif de réussite… Père absent ou dans l'ombre de la mère, difficultés à s'identifier à la valeur masculine. Divorce, séparation, vie amoureuse complexe. Métiers possibles dans la psychologie, la philosophie, la voyance, la police, les postes de direction…
Trigone ou sextile : affirmation de soi et de ses ambitions, dépassement personnel, grande curiosité

d'esprit, soif de connaissance, idéalisme, désir de liberté…
Carré : doutes, angoisses, sensibilité au stress, évolution personnelle ou professionnelle par à-coups, rejet de l'ordre ou de la société, besoin de sortir des sentiers battus et de prendre des risques. Relations difficiles avec le père.
Quinconce : natif devant accepter de se fier à ses perceptions de la réalité pour résoudre ses problèmes.

Soleil – Nœud Sud

Conjonction : natif devant faire émerger son potentiel, besoin de gagner en confiance, clarté d'esprit, capacité à comprendre ses blocages et à les dépasser.
Trigone ou sextile : aspect positif pour trouver des solutions aux problèmes, beau potentiel de séduction, capacité à panser les plaies du passé et à atteindre l'équilibre…
Carré : interrogations touchant aux racines, aux origines ou à l'identité, périodes de crise possibles lors des grands carrefours de la vie. Difficultés d'appréciation de soi ou problèmes relationnels avec le père ou les hommes en général.
Quinconce : la lucidité et la bonne analyse des situations permettront de dépasser les obstacles.

Soleil – Nœud Nord

Conjonction : pour trouver l'équilibre et l'épanouissement, le sujet doit travailler sur lui et sur son identité.

Natif sachant trouver sa place dans la société ou au sein d'une relation. Réussite possible.
Trigone ou sextile : bel optimisme, dynamisme, bonne appréciation de soi, échappatoire(s) positive(s) permettant de toujours retomber sur ses pieds.
Carré : manque de confiance en soi, déceptions humaines ou familiales, mauvaises images de l'homme compromettant la vie amoureuse, relations avec le père problématiques avec le temps…
Quinconce : c'est en usant de ses charmes, en mettant en avant ses atouts et ses compétences que le natif atteindra ses objectifs.

Mercure – Vénus

Ici, seuls la conjonction et le sextile sont possibles.
Conjonction : belle capacité à communiquer ses émotions ou ses sentiments, bonne analyse des élans amoureux, besoin d'harmonie et de douceur dans les relations avec les autres. Vie amoureuse précoce. Ouvre aux métiers de l'art, du chant, du théâtre, de l'écriture, du bien-être…
Sextile : charme, légèreté d'esprit, gaîté, douceur, chance dans les relations avec les autres. Propice aux contrats.

Mercure – Mars

Conjonction : grande réactivité, beau dynamisme, rapidité d'esprit, besoin de mouvements et d'action, capacité à fédérer ou à négocier, *leadership*, volonté… Parfois, impulsivité ou dispersion. Métier en relation

avec les voyages, les échanges, les langues, les études, la formation, le journalisme, les sciences…
Trigone ou sextile : bel entrain et bon esprit d'entreprise, capacité à convaincre ou à faire passer ses idées, intellect mis au service des projets et des actions, extraversion, intérêt pour les autres…
Carré : impulsivité, manque de constance, sensibilité extrême au stress, agressivité verbale, tendance à juger à l'emporte-pièce, relations compliquées et conflictuelles avec les autres ou la hiérarchie…
Quinconce : le sujet va devoir apprendre à mettre de l'eau dans son vin et à faire preuve de mesure.
Opposition : natif plus calme et plus posé (que lors d'une conjonction), maladresse, prudence excessive ou actions mal dirigées, parfois difficultés à trouver sa voie.

Mercure – Jupiter

Conjonction : grande curiosité d'esprit, goût des voyages, désir d'apprendre ou de transmettre ses connaissances, nature extravertie et sociable, épanouissement au contact des amis ou des relations, éloquence… Réussite dans une activité en lien avec les langues, le droit, le journalisme, la médecine, l'enseignement, l'étranger…
Trigone ou sextile : grande capacité à communiquer et à aller vers les autres, adaptabilité, grande compréhension des choses, honnêteté dans les échanges, droiture intellectuelle, protection sur le plan professionnel ou financier.

Carré : incapacité à tenir en place, extrême nervosité, hyperactivité, sensation permanente de tensions, difficultés à communiquer avec les autres, conflits avec d'éventuels collaborateurs, dispersion, manque de franchise, tendances manipulatrices…

Quinconce : pour être bien avec lui-même, le natif doit identifier ses objectifs et ses aspirations. S'évader, voyager peut aider le sujet à se ressourcer ou à se trouver.

Opposition : manque de spontanéité, timidité ou natif ayant besoin de temps pour accorder sa confiance. Sujet très sélectif dans ses relations ou dans ses centres d'intérêt…

Mercure – Saturne

Conjonction : grande capacité d'analyse et de compréhension des situations, esprit organisé et méthodique, analyse, sens critique, réalisme, curiosité intellectuelle mais manque d'ouverture d'esprit, parfois froideur ou timidité. Aspect propice aux carrières scientifiques, aux nouvelles technologies, à l'administration…

Trigone ou sextile : bon sens de l'organisation, belle capacité de concentration, objectivité, désir de compréhension, curiosité, quête d'amis sincères et parfois plus âgés…

Carré : manque de sociabilité, tempérament réservé et d'une extrême nervosité, impatience ou lenteur, méfiance vis-à-vis des autres ou des institutions, inconstance… Problèmes de communication avec le père.

Quinconce : natif devant apprendre à se faire confiance. C'est en se formant régulièrement qu'il s'enracinera.
Opposition : introversion, introspection, possible timidité maladive, études parfois difficiles ou longues. Tendance à tout analyser et tout décortiquer. Besoin de tout maîtriser. Père distant, renfermé ou éloigné.

Mercure – Uranus

Conjonction : personnalité extravertie et vive, grande originalité, anticonformisme, soif de nouveauté, grande importance de l'amitié, vie du natif marquée par l'étranger, goût des voyages… Métiers des nouvelles technologies. Métiers du tourisme ou de l'aviation, les sciences, l'astrologie… favorisés.
Trigone ou sextile : attirance pour les échanges et les voyages, vivacité d'esprit, soif de découverte, esprit d'entreprise, inventivité, avant-gardisme…
Carré : nervosité extrême, difficultés à trouver sa place dans la société et rejet de celle-ci, marginalisation, tensions régulières avec les autres, colère, impulsivité… Critique facile ou tendances au mensonge. Instabilité.
Quinconce : sujet devant rester ouvert à la nouveauté et aux imprévus pour parvenir à l'épanouissement ou à se libérer de ses problématiques.
Opposition : natif un peu moins spontané et plus méfiant, curiosité ciblée, désir de sortir du moule, esprit de contradiction, besoin d'indépendance et de

liberté, parfois phobie sociale… Carrière dans un métier original.

Mercure – Neptune

Conjonction : tout comme dans l'opposition, belle intuition ou possible faculté de voyance, goût des voyages, inspiration, imagination, créativité, empathie, écoute, idéalisme, sociabilité. Au négatif, flou, doutes, hésitations, problèmes psychologiques. Aspect propice à l'écriture, aux soins, au tourisme, à la finance…

Trigone ou sextile : belle capacité à exprimer ses intuitions, sujet cherchant à aider et à conseiller, bienveillance, attirance pour les arts divinatoires, amabilité…

Carré : tendance à s'éparpiller, à douter de soi, à se lancer dans des entreprises utopistes, difficultés de concentration, mensonge ou déformation de la réalité, incapacité à s'intégrer…

Quinconce : sujet devant mettre sa raison ou son intellect au service de ses intuitions.

Opposition : intuition extrêmement développée demandant travail et maîtrise pour l'utiliser, connexion avec l'invisible, déceptions amicales possibles…

Mercure – Pluton

Conjonction : grande curiosité d'esprit, sens critique développé, capacité à voir au-delà des apparences, bon sens psychologique, capacités d'adaptation et de remise en question, désir de vérité. Si le thème

le confirme, médiumnité et/ou intérêt pour les arts divinatoires, voire écrits sur l'invisible ou l'ésotérisme… Métiers en lien avec Pluton favorisés.
Trigone ou sextile : grande perspicacité, sens de l'observation et de l'analyse développé, soif de vérité et de savoir, bonne connaissance de ses ressources, bon flair, sens des affaires…
Carré : natif sujet aux réactions impulsives et aux conflits, colère, caprices, mensonges, tendance à la manipulation, jalousie, esprit tourmenté et destructeur, pensées morbides…
Quinconce : sujet devant analyser ses craintes ainsi que ses peurs pour les dépasser et faire émerger son potentiel.
Opposition : soif de compréhension, tendance à trop analyser les choses ou les situations, souci du détail poussé, maniaquerie, peurs irrationnelles. Médiumnité demandant raison et structuration (seulement possible si beaux aspects de Saturne et/ou de Neptune).

Mercure – Chiron

Conjonction ou opposition : désir d'apprendre ou de transmettre une connaissance, grand sens pédagogique, curiosité. Orientation possible dans l'enseignement, la formation, le médical…
Trigone ou sextile : sujet désireux d'apprendre, liens facilités avec les jeunes, capacité à lâcher prise, protection dans les études…
Carré : sujet ayant du mal à s'intégrer et à communiquer.

Tendance à la révolte et à la colère. Refus de reconnaître ses torts, tempérament belliqueux…
Quinconce : pour évoluer, le sujet devra obligatoirement se former et élargir ses connaissances.

Mercure – Cérès

Conjonction ou opposition : logique, sens de l'observation et de la réflexion, grande capacité de négociations, satisfaction dans les études même si break ou réorientation possible. Finance, commerce, enseignement, secteur agroalimentaire favorisés…
Trigone ou sextile : grande compréhension des événements et des situations, capacité à trouver des solutions aux problèmes, sujet désirant être utile aux autres (médiateur, négociateur, conseiller…).
Carré : tempérament impulsif, illogique, irrationnel et irraisonné. Difficultés à gérer un budget. Dispersion impactant négativement les efforts du natif.
Quinconce : sujet devant mettre ses idées, ses opinions au service d'une cause ou de ses projets. Doit apprendre à faire des compromis.

Mercure – Junon

Conjonction ou opposition : talents d'orateur, sujet convaincant et d'une grande éloquence, désir de fraternité et d'égalité des chances… Métiers d'échanges, de conseils, de guide, de négociateur ou de dirigeant possibles…
Trigone ou sextile : personnalité joyeuse, vive,

pétillante et pleine de charme. Besoin de plaire ou de reconnaissance.
Carré : ambition et talent mal dirigés, manque de constance, sujet ne tenant pas parole, tendance aux mensonges, à la manipulation et à la médisance…
Quinconce : parole et pensées aidant le natif à convaincre et à s'imposer dans la société. Natif tendant à gagner en confiance en lui.

Mercure – Lune noire moyenne

Conjonction ou opposition : esprit incisif, analyse pointue et chirurgicale, remarques acides, critique facile, communication piquante et trop directe, bon sens psychologique, parfois tendance à mentir ou à s'arranger avec la vérité. Orientation possible dans la psychologie, la chirurgie, la police, les romans noirs…
Trigone ou sextile : communication ciblée et précise, bonne compréhension des autres ou bonne analyse des situations et des événements. Personnalité adaptable et curieuse de tout.
Carré : difficultés pour aller vers les autres, tendance à être dans une critique de l'autre permanente, déceptions amicales fréquentes…
Quinconce : pour avancer dans sa vie, le natif va devoir faire preuve d'une plus grande clarté d'esprit. Il va devoir apprendre à intégrer l'intuition à sa manière de penser et de raisonner.

Mercure – Nœud Sud

Conjonction : problème de concentration ou difficultés à communiquer et à aller vers les autres. Timidité, réserve, repli sur soi…
Trigone ou sextile : grande lucidité, capacité à résoudre des problèmes complexes ou à exprimer ses émotions, sens de la communication…
Carré : parfois problèmes pour communiquer, dyslexie ou dysphasie, nervosité, tendance à se montrer trop critique…
Quinconce : le natif devra parler pour se libérer de certains de ses blocages ou de ses craintes… Aspect propice à une thérapie.

Mercure – Nœud Nord

Conjonction : tout amènera le natif à communiquer et à aller vers les autres. Les métiers en lien avec l'échange seront favorisés.
Trigone ou sextile : facilités à aller vers les autres, possibilité de reprendre un cycle d'études à l'âge adulte, sujet possédant un don de négociateur ou de vendeur…
Carré : relations avec les autres compliquées et source de tensions, sujet ayant du mal à dépasser sa nervosité, dualité, changements d'humeur…
Quinconce : natif pouvant trouver sa voie en se dirigeant vers un domaine propice aux échanges, à l'analyse, à la logique ou aux déplacements.

Vénus – Mars

Conjonction : natif ayant besoin de passion, besoin d'être captivé, vie amoureuse ou de couple facilitée, sensualité, sex-appeal, charme très développé, capacité à s'investir dans les projets qui plaisent. Métiers possibles dans l'art, la restauration, le bien-être ou le conseil…

Trigone ou sextile : sujet débordant de charme et de magnétisme, dynamisme, capacité à trouver son équilibre amoureux ou personnel…

Carré : pour un homme, machisme ou difficultés à créer une relation saine avec le sexe opposé. Tendance à céder à des passions destructrices ou sources de souffrance, combat intérieur entre amour et pulsions sexuelles.

Quinconce : pour s'épanouir, le natif devra donner un peu plus d'importance à la passion ou être le moteur de ses relations.

Opposition : ici, la passion est plus sage que lors de la conjonction. Elle a plus de mal à s'exprimer. Signe d'une vie amoureuse marquée par une ou plusieurs ruptures. Amour aveugle.

Vénus – Jupiter

Conjonction : aspect associé à la chance, quel que soit le domaine. Optimisme, bienveillance, douceur, passion, désir de plaire ou de séduire, besoin de reconnaissance… Métiers de l'art, du luxe, de la gastronomie, de la mode, de la déco favorisés.

Trigone ou sextile : grande générosité, gentillesse,

affectivité, bien-être, sens du partage, capacité à écouter ou à aider les autres…
Carré : difficultés à vivre pleinement ses désirs ou sa vie amoureuse, émotivité exacerbée handicapante, épreuves possibles dans la vie sentimentale (rupture, divorce…), instabilité amoureuse, aventures multiples…
Quinconce : le sujet devra exploiter sa créativité ou se servir de sa sensibilité pour s'épanouir et trouver son chemin.
Opposition : sujet partagé entre envie de vivre ses désirs ou de les refouler, blocages émotionnels ou trop-plein d'émotivités, superficialité, vie sentimentale perturbée…

Vénus – Saturne

Conjonction : désir de s'investir dans une relation sur le long terme, recherche d'un amour solide et sincère, bonne analyse des émotions ou des sentiments, fidélité. Au négatif, solitude, froideur, incapacité à expérimenter l'amour ou à l'exprimer. Propice aux métiers en lien avec la nature, l'immobilier, l'administration…
Trigone ou sextile : sujet fidèle et honnête, désir d'un amour sage et sérieux, maîtrise des émotions ou bonne exploitation d'une capacité créative, vie amoureuse permettant de s'enraciner…
Carré : vie sentimentale vécue comme frustrante, dure et insatisfaisante. Unions ou associations demandant sacrifice ou renoncement. Rupture(s) ou divorce(s), difficultés à se stabiliser en amour.

Quinconce : pour trouver chaussure à son pied, le natif devra prendre son temps et être patient. Réalisation amoureuse après 40 ans.
Opposition : manque affectif durant l'enfance, complexe d'abandon, difficultés à vivre l'amour ou à se sentir aimé, natif manquant de sensualité et peu tactile, vie sociale pouvant dominer sur la vie personnelle…

Vénus – Uranus

Conjonction : personnalité originale et très créative, fuite du mariage, préférence pour l'union ou l'amour libre, divorce ou séparation, anticonformisme amoureux… Métier artistique ou médiatique possible.
Trigone ou sextile : natif magnétique et sociable, douceur, communication bienveillante, vie marquée par la chance, capacité à se renouveler en amour et dans une relation.
Carré : vie sentimentale rythmée par des crises, des remises en question et de multiples ruptures. Natif ayant des difficultés pour se stabiliser. Infidélité.
Quinconce : pour faire une rencontre, le sujet va devoir prendre des risques et s'ouvrir à la nouveauté ou à une autre « classe » que la sienne.
Opposition : natif rejetant tous les aspects du couple comme le voit la société. Incapacité à vivre l'amour ou tendance à multiplier les conquêtes. Fuite de l'attachement. Artiste tourmenté.

Vénus – Neptune

Conjonction : romantisme, idéalisme, douceur, fantaisie, créativité, hyperémotivité parfois handicapante, inspiration. Sujet cherchant un amour qui n'existe pas sur terre. Difficultés à trouver son équilibre amoureux, aventures multiples, infidélité… Métiers artistiques favorisés.
Trigone ou sextile : grande douceur, empathie, fantaisie, personnalité inspirée et inspirante, idéalisme, sociabilité, créativité, désir de se rendre utile, soif de contacts et de nouveauté.
Carré : vie amoureuse troublée et décousue, divorce et rupture possibles, multiplication des aventures, histoires impossibles ou destructrices, instabilité émotionnelle ou sentimentale…
Quinconce : pour avancer dans sa vie, le natif doit élargir ses horizons ou son mode de pensées…
Opposition : peur des déceptions amoureuses ou humaines, troubles ou blocages émotionnels, marques de l'enfance ou de l'adolescence, trop grand idéalisme amoureux…

Vénus – Pluton

Conjonction : vie émotionnelle intense et vive, tempérament passionné, magnétisme, aura, charme, désir de plaire, fuite de l'ennui au quotidien, attirance pour la divination ou les mystères. Bien-être, massages, arts possibles.
Trigone ou sextile : natif débordant de charme et de sex-appeal, beau potentiel de séduction, sensualité.

Chance dans l'art, la finance, le développement personnel…
Carré : vie amoureuse faite de crises et de remises en question, tendance à la possessivité ou la jalousie, difficultés à vivre ses désirs ou à assumer ses attirances, passion(s) destructrice(s)… Esprit torturé émotionnellement.
Quinconce : le sujet va devoir se transformer et transfigurer ses émotions ou ses sentiments pour être bien dans sa vie. Aspect propice à une psychothérapie.
Opposition : difficultés à vivre pleinement sa vie amoureuse, frustrations, crainte ou peur d'aimer, insatisfactions, ruptures…

Vénus – Chiron

Conjonction ou opposition : aspect propice à l'épanouissement amoureux ou familial, générosité, attention, bienveillance, douceur. En opposition, vie émotionnelle intense. Prédispose aux métiers du bien-être et du coaching…
Trigone ou sextile : sympathie, ouverture d'esprit, légèreté, humour, gaîté, fantaisie, affection, désir d'aider…
Carré : vie sentimentale tourmentée, difficultés à exprimer ses sentiments ou à les vivre. Possessivité, jalousie, rivalité…
Quinconce : les expériences humaines et sentimentales permettront au natif de grandir. Propice pour les activités dans le bien-être.

Vénus – Cérès

Conjonction ou opposition : attachement à sa stabilité, quête constante d'équilibre, besoin de sécurité et de douceur, capacité à exprimer ses émotions, aspiration à la tranquillité… Aspect propice aux activités de la restauration…
Trigone ou sextile : esprit maternel, générosité, intérêt pour les autres, sens du partage, gentillesse, amabilité…
Carré : grande sensibilité au stress, mauvaise hygiène de vie source d'ennuis, manque d'équilibre au quotidien, colère, incompréhension, refus des compromis, sentiment d'injustice prononcé…
Quinconce : pour mieux vivre sa vie, le natif devra apprendre à combler ses manques et ses frustrations. L'art, le bien-être, le paramédical peuvent l'y aider.

Vénus – Junon

Conjonction ou opposition : grande douceur, quête d'équilibre et d'harmonie (à l'extrême si opposition), désir d'évoluer dans une relation stable et sérieuse, mariage et associations favorisés (sauf en opposition), possessivité, idéalisme… Propice aux métiers du luxe, de l'esthétique, du bien-être, de la mode ou encore du conseil…
Trigone ou sextile : générosité de cœur, bienveillance, attachement aux valeurs et à l'équilibre, honnêteté, sociabilité, désir de plaire, mariage permettant de s'élever socialement, parfois superficialité…
Carré : difficultés à aimer ou à trouver son équilibre

amoureux, rupture violente, féminité non assumée, jalousie, colère, parfois méchanceté…
Quinconce : l'être devra dépasser ses blessures narcissiques et faire preuve de plus d'authenticité pour évoluer dans la vie. Avoir confiance en soi, oui, être dans le culte de la personnalité, non.

Vénus – Lune noire moyenne

Conjonction ou opposition : refus de vivre une relation amoureuse classique, désir de vivre libre, fuite de l'engagement, besoin d'aller à contre-courant ou de se différencier de la société. Amour source de frustrations, subi ou rejeté… Parfois ces aspects amènent à la prostitution et aux domaines approchants ou à l'art…
Trigone ou sextile : magnétisme, séduction à l'excès, soif d'un idéal amoureux, vie sentimentale vécue comme une thérapie bénéfique. Métiers du luxe possibles.
Carré : tensions ou violences conjugales, peur d'aimer ou de s'investir, refus de l'engagement, rejet du féminin, amour source de souffrance, possessivité, jalousie à l'extrême…
Quinconce : pour s'épanouir sentimentalement, le natif devra donner libre cours à ses désirs et les expérimenter…

Vénus – Nœud Sud

Conjonction : aspect donnant une grande sensibilité et une jolie créativité, capacité à trouver le calme intérieur, écoute et attention vis-à-vis d'autrui…
Trigone ou sextile : sujet pouvant compter sur un bon équilibre émotionnel pour affronter les obstacles ou les épreuves.
Carré : manque d'amour et de démonstration durant l'enfance, début de vie amoureuse source de frustrations, peur de l'abandon ou d'aimer…
Quinconce : pour transcender ses blocages et ses craintes, le natif va devoir exprimer ses émotions ou mieux, les appréhender.

Vénus – Nœud Nord

Conjonction : désir d'accéder à l'harmonie et à la paix intérieure, soif d'amour et de douceur, direction de vie permettant d'accéder au partage. Métiers en lien avec Vénus envisageables.
Trigone ou sextile : sujet tendant à toujours aller vers plus de douceur, de bien-être, de fantaisie et de légèreté. Capacité à avoir une meilleure perception de soi au fil des ans.
Carré : épreuves en relation avec l'affectif à prévoir, frustrations amoureuses ou sexuelles possibles, renoncement à l'amour…
Quinconce : natif devant travailler et accepter ses émotions ou son bagage artistique pour aller vers l'épanouissement…

Mars – Jupiter

Conjonction : beau dynamisme, désir de conquête et de grands horizons, combativité, extraversion, optimisme, capacité à commander, chance dans les projets et les entreprises… Positif pour les métiers du tourisme, du voyage, du magnétisme, du juridique, de l'auto-entrepreneuriat…
Trigone ou sextile : personnalité vive et réactive, besoin de mouvements, désir de challenges, soif d'aventure, sujet cherchant à être un moteur…
Carré : difficultés avec la hiérarchie ou l'ordre établi, esprit rebelle et indomptable, impulsivité pouvant aller jusqu'à une mise en danger, vie professionnelle ou financière chaotique…
Quinconce : sujet capable de mettre ses actions et son énergie au service de grands projets qui le porteront.
Opposition : tensions intérieures, difficultés à se fixer des objectifs concrets, tendance à s'éparpiller, sujet ayant besoin d'un cadre ou se construisant dans l'opposition. Faculté de magnétisme à développer.

Mars – Saturne

Conjonction : maîtrise de sa force et de son énergie, désir de contrôle, actions pensées et organisées, grande détermination et résistance, *leadership*, parfois difficultés à garder patience. Aspect propice aux métiers qui demandent endurance ou responsabilité…
Trigone ou sextile : bonne gestion des énergies et de son temps, organisation, projets solides et concrets, investissement au travail, sérieux…

Carré : difficultés à structurer sa vie, son temps ou ses projets. Frustrations ou tensions diverses. Incapacité à respecter les règles ou à s'y plier, peur de la concurrence, attirance pour les pervers narcissiques, conflits, rivalités, extrémisme, fin de vie compliquée, grosses remises en question professionnelles…
Quinconce : natif devant mettre son énergie et ses actions au service de ses ambitions. La raison l'aidera dans tous ses projets.
Opposition : manque d'énergie ou d'investissement, voire d'empathie. Besoin de tout contrôler, désir d'imposer son point de vue, père absent…

Mars – Uranus

Conjonction : grande impulsivité, goût du risque, besoin de se faire remarquer, esprit de conquête, soif constante de renouveau, projets avant-gardistes, goût des voyages, désir de fantaisie… Tendance à la révolte. Ouvre aux métiers de l'aérien, du tourisme, de la communication, de l'écologie…
Trigone ou sextile : grande rapidité d'action ou de pensées, personnalité vive et étonnante, soif de défis, débrouillardise…
Carré : tendance à créer des rivalités ou des tensions, esprit guerrier et querelleur, manque d'humilité, soif de pouvoir, désir de se faire remarquer, excentricité, exubérance, intransigeance, parfois tempérament violent, chocs…
Quinconce : pour réussir à avancer dans ses projets

et sa vie, le natif devra constamment se remettre en question.
Opposition : difficultés à utiliser son énergie et à la canaliser ou à se concentrer sur une tâche unique. Besoin de se différencier, provocation possible, problèmes de santé… Don de magnétisme.

Mars – Neptune

Conjonction : émotivité exacerbée, sujet étant souvent une éponge à tout, tendance à agir de façon irrationnelle, idéalisme surdéveloppé, soif d'évasion et de nouveaux horizons, désir d'absolu, romantisme, amour passionnel et parfois destructeur… Propice aux métiers du soin, des arts divinatoires, à l'aide, aux conseils, au tourisme…
Trigone ou sextile : intuition et clairvoyance très développées, désir d'aider les autres, grande empathie, sujet idéaliste et rêveur…
Carré : natif partant dans tous les sens, dispersion, tendance à l'autodestruction (drogue, alcool…), instabilité, difficultés à gérer et à canaliser son énergie. Peut prédisposer aux métiers en lien avec les dépendances.
Quinconce : sujet devant mettre son énergie au service d'un idéal ou devant s'ouvrir à son intuition.
Opposition : tendance à subir les événements ou les situations, difficultés à passer à l'action, sujet vivant dans son monde, parfois manque de réalisme, capacité à s'oublier au profit des autres…

Mars – Pluton

Conjonction : sujet passionné évoluant aux coups de cœur, grande capacité à se remettre en question ou à se transformer, intuition vive et fulgurante, grande capacité de travail ou facilité à aller au fond des choses. Métiers dans les forces de l'ordre, la criminologie, la psychologie, la voyance, les énergies ou toutes les activités en lien avec la mort.
Trigone ou sextile : esprit vif et caustique, bon sens de l'humour, facilité d'adaptation, goût du risque et des challenges, force d'action…
Carré : sujet impulsif et irréfléchi, tendance à agir dans la précipitation, tempérament colérique ou violent, difficultés à se contenir ou à gérer ses énergies, natif cherchant les conflits. Autodestruction, possessivité, jalousie à l'extrême…
Quinconce : le sujet doit apprendre à mieux diriger ses énergies et ses actions. Il doit réussir à exploiter son potentiel.
Opposition : signification proche de la conjonction mais en moins forte. Parfois conflit intérieur, grande nervosité, peur de la mort ou de la maladie, angoisses existentielles, mal-être… Désir de pouvoir, tendance à manipuler les autres…

Mars – Chiron

Conjonction ou opposition : grande énergie et endurance aux épreuves, capacité à lâcher prise et à identifier ses ressources. Besoin d'action et de mouvements. Soif de connaissances. Natif pouvant

servir de repère ou de guide. Faculté de magnétisme ou attirance pour les soins divers (médical ou paramédical).
Trigone ou sextile : grande curiosité d'esprit, soif de conquête et de nouvelles connaissances, capacité à se dépasser, force cachée, ressources inépuisables face aux épreuves…
Carré : tempérament impulsif, violent et irascible. Difficultés à contenir sa colère ou sa jalousie. Rejet de l'autorité. Instabilité émotionnelle et sentimentale.
Quinconce : le sujet devra mettre toute son énergie afin de panser ses plaies ou de dépasser ses traumas. Résilience.

Mars – Cérès

Conjonction ou opposition : esprit fin et calculateur, capacité à faire des alliances profitables ou sentiment d'injustice fortement vécu…
Trigone ou sextile : belle capacité à défendre ses intérêts et ceux des autres, facilité à imposer son point de vue et à relever les défis qui se présentent…
Carré : sujet se sentant souvent jugé, critiqué et malmené par les autres. Tendance à la révolte. Soif de justice. Refus de faire des compromis. Famille source de tensions et de conflits.
Quinconce : pour réussir à s'épanouir, le natif doit prendre sur lui, prendre du recul ou faire un break afin d'identifier ses véritables besoins ou atouts.

Mars – Junon

Conjonction ou opposition : capacité à négocier et à créer des alliances, quête d'un absolu sentimental, sujet passionné et désireux d'un équilibre amoureux, aspect propice à la vie de couple ou au mariage. Impatience. En opposition, le natif aura plus de mal à définir ses aspirations. Pour un homme, faculté de voyance ou de magnétisme. Métiers possibles dans le droit, le conseil, le coaching, les arts divinatoires...
Trigone ou sextile : natif pétillant, intrépide, rapide et réactif. Grand pouvoir de séduction. Désir de plaire, attirance pour le beau...
Carré : sujet ayant du mal à gérer ses émotions et à être son propre ennemi. Accès de colère. Crises diverses. Difficultés à vivre le couple, parfois violence familiale ou conjugale... Refus d'entrer dans le moule.
Quinconce : pour accéder à sa part d'équilibre et s'épanouir, le sujet devra mieux gérer ses émotions et apprendre à ne pas céder à la colère.

Mars – Lune noire moyenne

Conjonction ou opposition : anticonformisme, lutte contre les valeurs passées ou les entraves. Actions dirigées avec précision, volonté d'indépendance, tendance à flirter avec le « diable », goût du risque poussé, combativité, tempérament offensif et défensif, soif d'absolu, parfois révolte et colère. Possible homosexualité. Propice aux métiers militaires et en lien avec le danger, la chirurgie, le bâtiment,

le magnétisme, l'hypnose ou la psychologie, le militantisme…
Trigone ou sextile : natif possédant un magnétisme et un charisme certains. Volonté d'action, désir de conquête, goût des défis…
Carré : sujet désirant réussir à tout prix et par tous les moyens, tempérament agressif et rebelle. Difficultés à vivre une relation amoureuse harmonieuse, fuite du partenaire, problèmes de santé soudains. Pour une femme, besoin d'avoir le dessus sur sa moitié.
Quinconce : le sujet devra apprendre à mieux diriger ses énergies et ses désirs s'il veut parvenir à trouver son équilibre.

Mars – Nœud Sud

Conjonction : sujet pouvant compter sur une grande force d'action et un beau capital de ressources. Résistance aux épreuves, tempérament entier et passionné, parfois tendance à vouloir brûler les étapes.
Trigone ou sextile : natif ayant la possibilité d'aller au-delà des apparences, capacité à faire face à ses obligations, goût des responsabilités et des défis, sujet énergique et impulsif…
Carré : problèmes de santé à la naissance, hyperactivité possible, sujet se laissant submerger par sa colère ou sa sensibilité, enfance difficile…
Quinconce : sujet devant revoir la manière de gérer son énergie ou de diriger ses actions. Une remise en question s'imposera dans sa vie.

Mars – Nœud Nord

Conjonction : le natif devra se dépasser et se battre pour atteindre ses objectifs. Ici, il n'y aura rien sans rien. Obligation de bien cibler ses objectifs et ses actions ou de se remettre en question. Vie faite de combats.

Trigone ou sextile : natif affichant une belle énergie lui permettant d'avancer dans tous ses projets. Recherche de passion(s) ou d'un domaine d'activité qui captive.

Carré : souvent, signe d'épreuves diverses, et ce, quel que soit le domaine. Sujet devant se battre pour avoir ce qu'il veut ou étant confronté à de grosses difficultés dans sa vie. Sentiment d'insécurité ou d'injustice possible.

Quinconce : aspect incitant à passer à l'action et à être dans le « faire ». Pour avoir, il faut donner et s'investir.

Jupiter – Saturne

Conjonction : sujet assez respectueux de l'ordre établi, organisation, méthode, grande capacité de travail et de concentration, ambition raisonnée, réussite professionnelle après 40 ans ou réorientation, conservatisme et sérieux. Propice aux postes dans l'administration, la justice, les grandes entreprises, la politique, le droit, la finance, le social, l'enseignement…

Trigone ou sextile : bon sens des responsabilités et du devoir, capacité à bien diriger ses ambitions, évolution constante et sûre, conscience professionnelle, endurance…

Carré : difficultés à respecter les règles, trop grande ou manque de confiance en soi, manque de lucidité, tendance à en vouloir trop, insatisfaction, grosses remises en question professionnelles, échec(s)… Relations tendues avec le père, absentes ou conflictuelles.

Quinconce : pour parvenir à ses objectifs, le natif doit faire preuve de méthode, de détermination ou de lâcher-prise.

Opposition : désir de tout contrôler, manque de spontanéité, rigidité à l'extrême, manque de confiance, problème pour définir ses objectifs, réussite tardive ou entravée, rapports avec le père inexistants ou difficiles…

Jupiter – Uranus

Conjonction : extraversion, communication, goût des voyages, soif d'idéal et de nouveauté, curiosité d'esprit, désir d'élargir ses connaissances et ses horizons, grande intuition ou clairvoyance, indépendance élevée, refus de la norme, anticonformisme, parfois révolte ou abus de pouvoir… Aspect propice à l'humanitaire, au tourisme, à l'aéronautique, aux sciences, à l'informatique, au syndicalisme, à l'astrologie ou la philosophie, voire la spiritualité…

Trigone ou sextile : esprit avant-gardiste et militant, enthousiasme, dynamisme, curiosité, volonté, altruisme, rapidité d'action, quête de nouveauté, chance dans tous les domaines…

Carré : difficultés à accepter les ordres, la hiérarchie ou les normes. Esprit de rébellion, tendance à aller facilement aux conflits, extrémisme aveugle, impulsivité, goût dangereux pour le pouvoir…
Quinconce : pour s'épanouir, le natif devra apprendre à surfer sur les tendances ou à élargir ses horizons, voire accepter son intuition.
Opposition : contrairement à la conjonction, le sujet a plus de mal à aller vers les autres ou à communiquer. Parfois peur de l'inconnu ou natif se mettant inconsciemment des limites, rejet de la monotonie et quête constante de fantaisie…

Jupiter – Neptune

Conjonction : inspiration, créativité, inventivité, sensibilité et intuition extrêmement développées, sociabilité, empathie, quête spirituelle, tendance à exagérer les choses ou à extrapoler les événements, besoin d'évasion et de liberté, manque cruel de réalisme, natif ayant tendance à fantasmer, sujet se prenant pour un gourou… Métiers possibles dans les soins, l'aide aux autres, la finance, l'humanitaire, la religion…
Trigone ou sextile : dévouement, don de soi, capacité d'écoute et d'aide, quête d'un idéal, belle intuition, joli capital sympathie, créativité…
Carré : sujet étant souvent dans le trop, amplification des situations, manque de réalisme, influençabilité, perte ou manque de repères, excentricité, dépendance (alcool, drogue, sexe, alimentation…).

Quinconce : pour réaliser ses ambitions, le natif devra suivre ses intuitions sans pour autant se prendre au sérieux.
Opposition : hyperémotivité et sensibilité. Sujet tiraillé entre ses désirs et ce qu'il peut faire, conflits intérieurs, natif cherchant un guide, fuite de la réalité, difficultés à se prendre en charge…

Jupiter – Pluton

Conjonction : volonté d'action, capacité à se remettre en question ou à transcender une situation, soif de pouvoir, talents de manipulateur, autoritarisme, goût des responsabilités, ambition démesurée, difficultés à respecter la loi ou l'ordre établi, tendances colériques, jalousie… Aspect propice aux métiers de la politique, de la finance, de la justice, des énergies, de la psychologie, du magnétisme…
Trigone ou sextile : bel aspect donnant vivacité, adaptabilité, fantaisie, force, détermination et conviction. Personnalité qui intrigue ou fascine. Sujet pouvant servir d'éclaireur ou de guide.
Carré : tendance à céder facilement à l'énervement ou à la violence. Fanatisme, quête de pouvoir, sujet se comportant comme un gourou, personnalité manipulatrice, rejet de toutes les institutions, rébellion contre le système…
Quinconce : la vie poussera le natif à revoir sans cesse ses ambitions et à faire preuve de plus de modestie ainsi que d'humilité.

Opposition : tiraillements ou troubles personnels, insatisfactions possibles, désir de sortir des sentiers battus, peur de perdre le contrôle, soif de réussite conduisant à des comportements extrêmes ou limites, intolérance, parfois natif n'ayant aucun tabou, charisme et magnétisme inconscient…

Jupiter – Chiron

Conjonction ou opposition : optimisme, rapidité, quête de connaissances, attirance pour l'étranger, curiosité d'esprit, enthousiasme. Protection dans tous les domaines. Propice à l'enseignement, au coaching, au magnétisme, au médical ou paramédical, à l'humanitaire, au social, à l'astrologie…
Trigone ou sextile : sujet bon vivant, gourmand, vif, entreprenant et pétillant. Sociabilité, bienveillance, sympathie, désir d'aider les autres…
Carré : excès de confiance en soi, tempérament impulsif et irréfléchi, tendance à céder facilement à ses instincts primaires, natif rebelle et indomptable, problème avec la hiérarchie…
Quinconce : le sujet devra apprendre à se pardonner, ainsi qu'aux autres pour faire la paix avec lui-même. Aider les autres, soigner les autres ou les guider sera la clé de son équilibre.

Jupiter – Cérès

Conjonction ou opposition : aspects peu faciles à vivre puisqu'ils sont source de frustration, d'incompréhension, de sentiment d'injustice et de douleurs. Refus

du compromis, chantage affectif, rébellion possible… Prédispose à l'enseignement, aux métiers de l'agro-alimentaire, de la nutrition, aux négociations…
Trigone ou sextile : natif réussissant à ménager les autres, capacité à faire des compromis, désir d'équilibre, quête de bien-être, bonne hygiène de vie…
Carré : natif n'ayant rien sans effort. Au travail comme dans bien d'autres domaines, vie faite de combats, de luttes et de patience. Le temps jouera en sa faveur.
Quinconce : pour dépasser ses blocages et ses frustrations, le natif devra accepter les compromis ou se recentrer sur ce qui lui fait du bien.

Jupiter – Junon

Conjonction ou opposition : sujet possédant un fort caractère pouvant être source de tensions. Couple vécu de manière fusionnelle pouvant donner le meilleur comme le pire, jalousie, possessivité, tensions ou violences conjugales possibles, attirance pour le beau et le luxe, soif de pouvoir…
Trigone ou sextile : grand pouvoir de séduction et de persuasion, désir de réussir, besoin de partager une relation sentimentale forte et sensuelle, protection au travail comme en amour.
Carré : natif cédant facilement à la colère et à la jalousie. Vie sentimentale compliquée marquée par les ruptures, un ou plusieurs divorces, des épreuves diverses… Instabilité dans tous les domaines. Infidélité du natif, voire du ou des partenaires. Violence conjugale.

Quinconce : pour bien vivre, le natif va devoir apprendre à dépasser sa colère ou ses frustrations.

Jupiter – Lune noire moyenne

Conjonction ou opposition : personne possédant une ambition certaine, fort désir d'indépendance, besoin de reconnaissance ou d'accéder à un pouvoir, envie de sortir des sentiers battus ou quête d'un idéal, existence sortant de l'ordinaire, capacité à prétendre à de hautes fonctions mais aussi de les perdre, possible relation amoureuse avec un décalage d'âge, absence d'enfants… Métiers envisageables : la politique, les hautes administrations ou les postes de direction, la finance…
Trigone ou sextile : grande autonomie, magnétisme et charisme, volonté d'agir, vivacité et joie de vivre, clarté d'esprit, bon sens de la synthèse, capacité à aller au-delà des apparences…
Carré : natif désirant sortir des sentiers battus, difficultés à tenir en place, tendance à vouloir brûler les étapes, sujet pouvant renoncer à une situation avantageuse ou se mettant en danger…
Quinconce : pour réussir ou trouver sa voie, le natif sera amené à sacrifier une partie de sa vie ou quelque chose, voire quelqu'un.

Jupiter – Nœud Sud

Conjonction ou opposition : natif mature et précoce, soif d'apprendre, désir d'indépendance et d'autonomie, besoin de trouver un référent pour se construire, caractère parfois autoritaire ou affirmé…

Trigone ou sextile : protection dans tous les domaines dès le plus jeune âge, goût pour les études, résistance et bonne capacité de récupération…
Carré : manque de dynamisme ou de volonté, parfois problèmes de santé mineurs dans l'enfance, difficultés à accepter les ordres ou l'autorité…
Quinconce : le natif va devoir puiser au fond de lui et trouver les ressources dont il dispose pour se réaliser.

Jupiter – Nœud Nord

Conjonction : le sujet développera avec le temps un grand sens moral et un profond intérêt pour les autres, l'étranger ou la spiritualité pourrait marquer son existence, possible orientation du côté du droit, des voyages, des postes à responsabilités…
Trigone ou sextile : capacité à cultiver l'optimisme et à aller de l'avant, désir de relever les défis, charme sûr, chance dans tous les domaines…
Carré : sujet pouvant connaître une ou plusieurs remises en question professionnelles. Natif susceptible de renoncer à une position avantageuse pour une vie plus simple, parfois soif de reconnaissance et de réussite…
Quinconce : natif devant développer son empathie, son intérêt à l'autre, son rapport au spirituel pour trouver son chemin.

Saturne – Uranus

Conjonction : natif possédant une grande volonté, capacité à s'ouvrir à la nouveauté et à consolider ses connaissances, belle capacité d'organisation, esprit logique et méthodique, parfois tendance à vouloir imposer ses idées ou sa façon de fonctionner. Fanatisme, idéologie extrême si le thème le confirme. Métiers possibles dans les sciences, le social, la recherche, les nouvelles technologies, l'astrologie ou la numérologie…

Trigone ou sextile : intuition et clairvoyance maîtrisées, esprit avant-gardiste, curiosité pour tout ce qui est nouveau, facilité à se renouveler et à explorer de nouveaux horizons…

Carré : désir de sortir des sentiers battus, besoin extrême de se différencier des autres, rejet des limites et des frustrations, sujet aspirant à une grande autonomie et ne souhaitant rendre de compte à personne. Intérêt pour l'industrie, la politique, la recherche ou les arts divinatoires…

Quinconce : pour trouver sa place, le sujet devra appréhender les événements avec un autre regard. L'intuition l'aidera à dépasser les blocages et les retards.

Opposition : sujet devant apprendre à être plus adaptable et à accepter l'impermanence, refus de rentrer dans le moule, soif de fantaisie ou parfois quête de sécurité…

Saturne – Neptune

Conjonction : capacité à exploiter ses intuitions et à bien structurer ses émotions, intérêt pour la spiritualité ou les domaines touchant à l'irrationnel, vie intérieure

très développée, grande capacité d'introspection ou besoin de solitude pour se ressourcer… Métiers en relation avec les autres, l'aide, l'écoute, le conseil, la psychologie, les arts divinatoires…
Trigone ou sextile : bonne capacité à comprendre et à gérer ses intuitions ou ses facultés de clairvoyance, attirance pour les arts divinatoires ou la spiritualité, désir d'aider ou d'accompagner les autres…
Carré : natif ayant tendance à manquer de réalisme, fuite des responsabilités et des obligations, manque de résistance au stress et à la fatigue, difficultés à utiliser ses intuitions ou à les structurer. Manque de confiance en soi.
Quinconce : tout incitera le natif à s'ouvrir au domaine de l'intuition, de la spiritualité, de l'aide aux autres.
Opposition : hypersensibilité et grande intuition parfois mal contrôlées demandant un travail, manque de réalisme ou tendance à trop rationaliser, lutte entre la raison et les ressentis source de mal-être ou de craintes, refus de prendre des responsabilités, fuite de la réalité…

Saturne – Pluton

Conjonction : aspect donnant le meilleur comme le pire. Sujet mauvais perdant ou de mauvaise foi, goût exagéré du pouvoir, désir de dominer et incapacité à entendre les arguments des autres, parfois froideur ou manque d'empathie, sens critique extrêmement développé. Si positif, bonne capacité de compréhension des situations. Métiers envisageables dans la politique, l'économie, la psychologie, les arts divinatoires, l'hypnose, les sciences…

Trigone ou sextile : bel aspect qui accorde intuition, clairvoyance, sens psychologique, désir de compréhension, grande curiosité d'esprit, besoin de comprendre et d'expliquer les mystères ou les domaines de l'irrationnel, bonnes relations avec le père…

Carré : rigidité et étroitesse d'esprit, soif de pouvoir, tendance à écraser les autres, extrémisme, fanatisme, égoïsme, manque d'empathie, tempérament manipulateur et autoritaire, relations compliquées avec le père.

Quinconce : le natif devra dépasser ses blocages, se transformer et se libérer de ses barrières psychologiques.

Opposition : difficultés à se laisser aller ou à faire preuve d'empathie, natif fermé et replié sur lui-même, blocages ou traumas en lien avec le père conduisant à une forme d'auto-sabotage, vie professionnelle marquée par une grosse remise en question, problèmes importants de santé…

Saturne – Chiron

Conjonction ou opposition : sagesse, prise de recul, réflexion poussée, besoin de comprendre, soif d'apprentissage, maîtrise de ses énergies et de ses émotions, parfois froideur et distance… Propice aux métiers en lien avec le médical, l'éducation, l'administration, l'agriculture, les sciences…

Trigone ou sextile : natif ayant une grande capacité de résistance aux épreuves, endurance, force mentale, soif de connaissance, capacité à transmettre un savoir…
Carré : rébellion, violence, dureté, manque d'ouverture d'esprit, tempérament « sauvage » et associable, refus du système, marginalisation…
Quinconce : le sujet devra effectuer un travail sur lui pour réussir à maîtriser son potentiel et gérer son énergie.

Saturne – Cérès

Conjonction ou opposition : grande capacité de réflexion, dureté, inflexibilité, besoin de contrôle, tendance à sur-analyser les situations, refus de négocier ou de faire des compromis, tendance à s'imposer par la force. Le temps permet de réussir. Métiers possibles dans l'enseignement, l'agriculture, le bâtiment…
Trigone ou sextile : volonté, détermination, patience, sagesse, prise de recul, capacité d'acceptation fort développée, besoin de sécurité…
Carré : sujet vivant mal les épreuves et incapable de prendre de la distance, sentiment d'impuissance ou d'injustice fortement prononcé, refus d'accepter les situations telles qu'elles sont, perte d'argent, faillite, manque de chance, pessimisme, aigreur…
Quinconce : le sujet va devoir prendre sur lui et faire preuve de patience pour réussir à enraciner une situation.

Saturne – Junon

Conjonction ou opposition : sujet ayant une haute opinion de lui-même, froideur, rigidité d'esprit, tempérament envieux et jaloux, rivalités familiales, tensions avec le père ou la belle-mère, mariage sans amour… Au positif, besoin de stabilité, quête d'équilibre…
Trigone ou sextile : sujet ayant besoin de s'enraciner et de se construire une vie équilibrée, désir de mariage ou de fonder une famille, personnalité sociable mais réservée, bonne analyse des autres…
Carré : tempérament glacial et fermé, manque d'empathie, désir d'imposer sa volonté, soif de pouvoir, tendance à régner par la peur, problèmes ou drames familiaux, père volage ou violent…
Quinconce : le sujet devra apprendre à s'élever et donc à prendre de la distance. Besoin de se réaliser dans une relation amoureuse, une association ou de créer son entreprise.

Saturne – Lune noire moyenne

Conjonction ou opposition : au positif, cet aspect donne une bonne clarté d'esprit, un grand sens pratique et du détail. Soif d'absolu, refus du mensonge et de l'abus de pouvoir, rigueur extrême. Au négatif, parfois tentative de suicide, personnalité meurtrie, frustrations sexuelles, santé extrêmement fragile… Propice à la chirurgie (prothésiste, dentiste…), à la gériatrie, aux métiers liés à la mort, aux épreuves…

Trigone ou sextile : sens aigu des réalités, besoin d'aller au fond des choses, dépassement de soi, compréhension de ce qui est caché, capacité à lire entre les lignes…

Carré : natif désirant sortir des sentiers battus, refus de se soustraire à une autorité, idéalisme, désir de ne pas rentrer dans la norme, originalité ou extravagance, problèmes de santé à la naissance et en fin de vie, attirance irrationnelle pour tout ce qui sort de l'ordinaire. Parfois suicide.

Quinconce : le natif devra se différencier et trouver sa propre voie, sa propre personnalité pour réussir à s'intégrer.

Saturne – Nœud Sud

Conjonction : tempérament réservé, repli sur soi, difficultés à communiquer avec les autres, timidité maladive, manque de repères, peurs existentielles demandant à être dépassées. Symbole des vieilles âmes.

Trigone ou sextile : sujet souvent extrêmement mature et responsable, capacité à structurer et à organiser son quotidien, bonne intégration des connaissances…

Carré : problèmes importants de santé à la naissance, peur de l'inconnu et désir de préserver sa sécurité, besoin de réconfort ou de solitude, fuite des confrontations…

Quinconce : sujet devant faire un vrai travail sur lui pour surmonter ses traumatismes passés ou pour révéler sa personnalité.

Saturne – Nœud Nord

Conjonction : le destin du natif est souvent mis sous le signe du temps. Il devra se battre et faire preuve de patience pour atteindre ses objectifs ou trouver son équilibre. Tout lui demandera concentration, investissement, renoncement, sacrifice et persévérance.
Trigone ou sextile : capacité à aller au bout des entreprises, résistance aux épreuves, détermination et concentration. Résilience. Goût des défis.
Carré : natif devant fournir énormément d'efforts pour atteindre ses objectifs, parfois sensation de devoir soulever des montagnes, fin de vie difficile pour cause de santé fragile, aspect propice à la spiritualité.
Quinconce : le natif devra apprendre à lâcher-prise et à prendre du recul pour réussir à faire face aux obstacles de la vie.

INFOS
Les aspects, surtout les conjonctions, des dernières planètes lourdes ont une influence à la fois sur le collectif et sur l'individu.

Uranus – Neptune

Conjonction : (surtout sur l'ascendant, le Fc, le descendant ou le Mc) intuition vive et développée, empathie, intérêt pour le collectif, grande réceptivité à l'environnement et aux influences sociales. Désir d'évasion et de liberté prononcé. Métiers possibles

dans l'humanitaire, l'écologie, les énergies marines ou renouvelables, le médical, l'astrologie, le spirituel…
Trigone ou sextile : sujet possédant une grande capacité de clairvoyance, esprit ouvert et curieux, grande inventivité, inspirations…
Carré : natif ayant un fort sentiment d'injustice sociale et une colère contre le collectif, besoin de sortir des sentiers battus ou de se différencier, refus de la norme, tendance à se perdre dans des croyances négatives ou irréalistes.
Quinconce : le sujet trouvera la solution à ses problèmes grâce à son intuition ou l'aide de personnes de confiance.
Opposition : sujet se sentant parfois en marge de la société et pas toujours compris. Grande sensibilité ayant du mal à s'exprimer et demandant un travail. Possibles confusion, difficultés à différencier le bon du mauvais, le juste du faux, la réalité de l'irréel…

Uranus – Pluton

Conjonction : (surtout sur l'ascendant, le Fc, le descendant ou le Mc) personnalité mystérieuse, charismatique et magnétique. Grande capacité à se remettre en question. Sujet cherchant à s'améliorer constamment. Propice aux métiers de l'écologie, de l'énergie renouvelable ou nouvelle, des nouvelles technologies…
Trigone ou sextile : intuition, sens psychologique et clairvoyance se côtoyant et « vivant » de concert.

Grande imagination et facilité à se remettre en question.
Carré : rejet viscéral des normes, des règles et des schémas établis, besoin de sortir des sentiers battus, tendance à céder facilement à la violence. Sujet pouvant basculer vers le fanatisme, l'agressivité, l'autodestruction. Tendance à faire voler en éclats ce qui est construit. Militantisme.
Quinconce : le natif va devoir puiser au fond de lui pour faire émerger sa « lumière » intérieure et accéder à l'équilibre ou au bien-être.
Opposition : natif sortant des sentiers battus ou vivant différemment de la génération passée. Besoin de se différencier. Rejet des anciennes valeurs. Parfois prise de risques, insouciance, désir d'imposer son pouvoir…

Uranus – Chiron

Conjonction ou opposition : natif constamment désireux de s'ouvrir à d'autres connaissances, d'autres horizons ou d'autres possibilités. Grande capacité à se renouveler. Inventivité, ingéniosité, curiosité, esprit d'entreprise, vivacité. Faculté de voyance (si le thème le confirme). Métiers possibles dans l'enseignement, le commerce, les voyages, les sciences, la médecine, l'astrologie ou les arts divinatoires…
Trigone ou sextile : goût des défis, désir de mouvements, besoin de s'ouvrir à la nouveauté, sociabilité, intuition et clairvoyance…
Carré : natif cherchant à sortir des sentiers battus et à se différencier des autres, impulsivité, esprit

primaire, tendance à se laisser aller à la colère, parfois jalousie…
Quinconce : sujet devant mettre ses intuitions et sa capacité d'anticipation au service d'une cause collective.

Uranus – Cérès

Conjonction ou opposition : tendance à contredire et à s'opposer au système, aux règles ou aux autres. Incapacité à subir les situations sans réagir et protester. Besoin de sortir de la norme. Tempérament impétueux et rebelle. Propice aux métiers de l'agro-alimentaire, la formation, l'artisanat, le conseil…
Trigone ou sextile : grande capacité de négociation ou à fédérer, écoute, communication, tendance à aller vers des projets toujours plus novateurs.
Carré : souvent le natif se sentira spolié, floué, trompé… Tendance à se positionner en victime et à se lamenter sur son sort. Colère contre les autres ou la société.
Quinconce : tout poussera le natif à sortir de son état de « martyr » pour se prendre en charge et changer son comportement.

Uranus – Junon

Conjonction ou opposition : natif pourvu d'une sorte « d'Aura » qui ne laisse personne indifférent. Besoin de s'ouvrir à la nouveauté. Attention aux caprices ou aux colères ! Intérêt pour les nouvelles technologies ou outils de communication. Influenceur, youtubeur, parfois voyance…

Trigone ou sextile : personne charismatique, pétillante, vive et chaleureuse. Désir de plaire et de séduire. Stabilité amoureuse entre 30 et 40 ans.
Carré : refus de subir toutes formes de relations. Natif désirant rester libre et indépendant. Parfois infidélité de la part du sujet ou de son partenaire. Remise en question sur le plan amoureux.
Quinconce : c'est en gagnant en confiance en lui que le natif pourra s'imposer et s'intégrer dans la société.

Uranus – Lune noire moyenne

Conjonction ou opposition : sujet faisant preuve d'une grande originalité et d'une grande créativité. Capacité d'intuition ou de clairvoyance étonnante demandant à être structurée et travaillée. Don de voyance authentique. Intérêt pour les arts divinatoires, l'astrologie, la numérologie… Destin du sujet sortant de l'ordinaire. Excès de lucidité. Au négatif, tendance à se marginaliser. Sujet manichéen, entier et parfois révolté contre le système.
Trigone ou sextile : intuition, désir d'éclairer ou de guider les autres, capacité à voir au-delà des apparences ou à se projeter dans le temps. Sujet surfant sur les tendances et avant-gardiste…
Carré : natif refusant de rentrer dans le moule ou de subir les événements, tendance à se marginaliser, talents intuitifs capricieux demandant un apprentissage… Parfois violence, autodestruction, problèmes de santé…
Quinconce : sujet devant prendre conscience de ses ressources et de ses facultés afin de les utiliser au mieux.

Uranus – Nœud Sud

Conjonction : natif impulsif, imprévisible, nerveux et intrépide. Désir de se différencier de sa famille ou de rompre avec un schéma familial. Attirance pour tout ce qui concerne l'avenir ou l'inconnu…
Trigone ou sextile : sujet réceptif aux événements, à son environnement ainsi qu'aux émotions des personnes qui l'entourent. Belle capacité de compréhension. Avant-gardisme. Prévoyance. Intuition.
Carré : début de vie compliqué, santé fragile, déménagements fréquents et source d'inconfort ou d'insécurité, construction dans l'opposition permanente…
Quinconce : sujet n'ayant d'autres choix que de dépasser ses peurs de l'avenir et de vivre au jour le jour.

Uranus – Nœud Nord

Conjonction : caractère entier, déterminé, inventif, créatif et indépendant. Recherche de la nouveauté. Importance de l'amitié. Esprit ouvert et curieux. Grande lucidité. Sujet attiré par l'irrationnel, l'astrologie, la cartomancie ou la numérologie, voire si le thème le confirme faculté de voyance.
Trigone ou sextile : natif tourné vers le futur et ayant la capacité de sentir les tendances à venir. Prise de conscience participant à l'évolution spirituelle et intuitive de l'être. Nature sociable et communicative.
Carré : vie marquée par les épreuves, les remises en question, les carrefours ou les tournants à 90°.

Tempérament émotif ou froid. Complications affectives.
Quinconce : obligation pour le natif de faire un travail sur soi permettant l'émergence de prises de conscience, d'une ouverture spirituelle ou de l'exploitation d'un talent indiqué dans le thème.

Neptune – Pluton

Conjonction : personne possédant une grande intuition et une certaine ouverture spirituelle. Capacité à se connecter à l'invisible ou à l'inconscient. Sensibilité pour l'invisible ou les choses cachées. Natif ouvert à la foi, à la créativité… Parfois médiumnité (communication avec les défunts).
Trigone ou sextile : belle intuition qui si le thème le confirme peut correspondre à une faculté de voyance. Grande réceptivité aux autres ou aux événements. Inspirations, imagination, faculté d'adaptation, polyvalence…
Carré : natif ayant du mal à gérer ses émotions et ses pulsions, confusion, perte d'identité ou de réalité, tendance à se fourvoyer dans des croyances archaïques, sujet s'inventant des histoires ou mentant… Schizophrénie, maladies mentales…
Quinconce : sujet devant dépasser ses craintes et ses peurs pour accéder à son intuition ou à un talent indiqué dans son thème.
Opposition : difficulté à gérer ses émotions ou à garder le contrôle. Besoin de structurer ses perceptions et sa réalité du monde pour ne pas perdre pied

et se fourvoyer. Parfois tendance à se comporter comme un gourou.

Neptune – Chiron

Conjonction ou opposition : natif ayant besoin de liberté et d'évasion, désir d'aider les autres ou de les accompagner dans leurs évolutions personnelles. Le médical, le magnétisme, la voyance, le social, l'éducation, les formations peuvent constituer une voie pour le sujet.
Trigone ou sextile : flair particulièrement développé, empathie, sens du partage et de l'écoute, besoin de se sentir utile et d'aider les autres, esprit pédagogue, intérêt pour la philosophie ou la mythologie…
Carré : comportement irrationnel, irréfléchi et difficile à suivre. Sujet ayant tendance à se faire des films ou à s'inventer une vie, perte de contrôle de soi, accès de violence, démence, folie…
Quinconce : tout obligera le natif à garder les pieds sur terre et à gérer au mieux ses émotions, ses intuitions ou sa façon d'être.

Neptune – Cérès

Conjonction ou opposition : attachement à la famille fortement marqué, et ce, même s'il y a des tensions ou des incompréhensions. Sujet protecteur et en quête d'équilibre ou de sécurité. Possessivité, besoin de fusion dans les relations avec les autres… Métiers possibles dans le médical, la banque, les assurances, la diététique, les soins. Parfois activités saisonnières.

Trigone ou sextile : natif désirant être utile à la société et cherchant à partager son savoir, douceur, empathie, attention, prévenance…
Carré : refus de la réalité, rejet du mensonge, besoin absolu de clarté et de vérité, natif sélectif à l'extrême. Parfois, colère contre les autres, l'injustice et la société. Besoin de vivre autrement que la masse.
Quinconce : c'est en apprenant de lui mais également des autres que le natif parviendra à se nourrir émotionnellement et psychologiquement.

Neptune – Junon

Conjonction ou opposition : quête d'un équilibre sentimental et d'une relation fusionnelle. Idéalisme amoureux conduisant à chercher « l'âme sœur » ou sa moitié toute sa vie. Douceur, sensualité, sex-appeal, volupté, charme… Parfois, tendance à perdre sa personnalité au contact de l'autre. Pour un homme, faculté de voyance possible.
Trigone ou sextile : sympathie, empathie, intérêt et souci de l'autre ou des autres, gaîté, tempérament rêveur, chaleureux et doux.
Carré : natif se voilant souvent la face et refusant de voir la vérité ou la réalité. Tendance à répéter les mêmes erreurs ou à vivre les mêmes choses. Vie amoureuse ou conjugale source d'insatisfactions ou troubles.
Quinconce : pour être bien dans sa peau et dans sa tête, le natif va devoir accepter sa sensibilité mais surtout ses qualités et ses défauts.

Neptune – Lune noire moyenne

Conjonction ou opposition : grande capacité d'empathie, si le thème le confirme, médiumnité (connexion avec l'au-delà), voyance ou magnétisme. Faculté d'adaptation et d'aller au-delà des apparences. Sensibilité aux « énergies » ou aux ambiances collectives. Sujet devant toutefois apprendre à garder les pieds sur terre. Métiers dans la psychologie, les soins, l'hypnothérapie, le magnétisme, l'art (musique, poésie, danse) envisageables.

Trigone ou sextile : sujet possédant une certaine réceptivité aux événements ou aux situations. Désir d'être utile aux autres. Besoin de lier connaissance ou de s'intégrer dans un groupe qui partage des intérêts communs…

Carré : aspect difficile source de mal-être. Tendances dépressives, manque de réalisme, imagination débordante nuisant au sujet, penchant pour le mensonge… Le natif se voile la face et ne reconnaît jamais ses torts. Parfois, signe du pervers narcissique ou de maladies mentales…

Quinconce : ici, cet aspect invite le natif à travailler sur ses parts d'ombre et ses angoisses afin de les comprendre, de les mettre en lumière et de s'en libérer.

Neptune – Nœud Sud

Conjonction : grande émotivité et intérêt pour les mystères de la vie, empathie et désir d'aider les autres. Toutefois, le natif doit apprendre à gérer

ses craintes et ses peurs pour parvenir à l'équilibre et au bien-être.
Trigone ou sextile : capacité à prendre de la distance face aux événements, désir d'évasion ou de liberté, lâcher-prise, nature spirituelle à développer.
Carré : sujet manquant de repères et d'ancrage, confusion, doutes, hésitations, tempérament inconstant et parfois insouciant, manque de discipline et d'organisation…
Quinconce : natif devant travailler sur ses émotions et sa sensibilité pour bien vivre au quotidien.

Neptune – Nœud Nord

Conjonction : évolution de la conscience du sujet au fil des années, attirance pour la spiritualité ou le bien-être, désir d'un autre mode de vie ou d'une autre manière de fonctionner qui amène au détachement ou au renoncement. Inspiration, intuition, créativité à travailler.
Trigone ou sextile : natif possédant une certaine adaptabilité et une belle créativité. Intérêt pour les autres et besoin de servir une cause juste. Parfois, natif se sentant investi d'une mission.
Carré : vie du sujet trouble et faite de périodes de flottement, d'incertitudes récurrentes, de moments ou de situations étranges qui le poussent à redéfinir ses objectifs. Parfois, perte de contrôle ou de la réalité.
Quinconce : sujet devant s'ouvrir à la spiritualité, à l'humanitaire, à une valeur plus grande ou tout simplement aux autres pour trouver son chemin.

Pluton – Chiron

Conjonction ou opposition : rayonnement intérieur, grande force personnelle, résistance, volonté, détermination, capacité à se remettre en question, fort potentiel pour le magnétisme ou les arts divinatoires. Au négatif, difficultés à gérer ses états d'âme et ses humeurs, parfois violence.
Trigone ou sextile : sujet possédant charisme, aura et chaleur, ouverture d'esprit, curiosité, désir d'évoluer et de se transformer au quotidien, jugements ou appréciations justes…
Carré : tendance à la rébellion, refus de se soumettre et d'obéir à qui que ce soit, impatience, tempérament sanguin, parfois une fin de vie extrêmement difficile.
Quinconce : sujet devant apprendre à relativiser et à appréhender les situations avec plus de sagesse et de philosophie.

Pluton – Cérès

Conjonction, carré ou opposition : aspects extrêmement difficiles source de douleurs, de frustrations, de renoncements, de souffrances, d'épreuves. Souvent perte d'un être cher, vol, extorsion de fonds, rapt, aigreur…
Trigone ou sextile : capacité à trouver des compromis et à faire des efforts dans les relations sociales, amicales, familiales ou amoureuses.
Quinconce : le sujet devra faire attention à ne pas céder à sa colère. Il va devoir travailler l'acceptation des situations ou porter un autre regard dessus.

Pluton – Junon

Conjonction, carré ou opposition : sujet à la personnalité trouble et compliquée, tendance à la jalousie, besoin de posséder et de contrôler l'autre ou les autres, difficultés à accepter d'être aimé ou d'aimer, blessures sentimentales, parfois manipulation…
Trigone, sextile ou quinconce : natif adaptable, polyvalent, désir de réussir et de faire fructifier ses biens. L'amour sera un bel outil de transformation.

Pluton – Lune noire moyenne

Conjonction, carré ou opposition : sujet pouvant exercer un pouvoir sur l'autre ou sur les autres, capacité à aller au-delà des apparences ou à se transformer, refus de la soumission ou difficultés à accepter les ordres, impulsivité, tempérament caractériel, natif pouvant être sujet à la dépression ou à des troubles psychologiques, parfois pulsions autodestructrices. Propice pour les métiers de psychologue, d'hypnotiseur, de magnétiseur, de recherche…
Trigone ou sextile : grande lucidité et compréhension des événements ou des situations, capacité à suivre son flair, instinct de survie très développé, natif passionné en quête de fantaisie, adaptabilité…
Quinconce : sujet devant puiser dans ses ressources pour faire face aux épreuves ou à la vie quotidienne. Grande facilité au changement.

Pluton – Nœud Sud

Conjonction ou opposition : début de vie difficile, résidu d'une vie antérieure génératrice d'angoisses ou de blocages divers, problèmes de santé, sujet pouvant se sentir enfermé dans des schémas destructeurs…
Trigone ou sextile : capacité à se défaire d'une situation ou d'un blocage, voire d'angoisses. Résilience, expérimentation du deuil et du renoncement symbole de renaissance, magnétisme possible…
Carré : aspect assez difficile signe d'un comportement parfois caractériel, d'un débordement émotionnel, d'un goût pour le danger, de problèmes de santé…
Quinconce : pour s'épanouir, le natif n'aura d'autres choix que de dépasser ses angoisses et de se défaire de ses blocages ou d'une éducation castratrice.

Pluton – Nœud Nord

Conjonction ou opposition : volonté, détermination, courage, force de vivre ou d'action, parfois tendance à se mettre en danger, refus ou recherche de la souffrance, fin de vie compliquée marquée par la maladie…
Trigone ou sextile : grande clarté d'esprit ou compréhension des autres poussée, désir de se dépasser ou d'aller au-delà des apparences, remises en question… Magnétisme, intérêt pour le paranormal.
Carré : mauvais aspect qui est source d'impulsivité, de mise en danger, de culture de la souffrance (notamment en amour), d'un désir de pouvoir sur les

autres, de colère ou d'un caractère rancunier, voire d'une fin de vie douloureuse et violente.
Quinconce : natif ayant la possibilité d'évoluer et de se transformer tout au long de sa vie. Tendance à créer son propre pouvoir.

Chiron – Cérès

Conjonction ou opposition : besoin d'apprendre et de découvrir de nouveaux domaines, capacité à transmettre ses connaissances, patience et pédagogie, facilité dans les négociations. Métiers en relation avec l'éducation, la naturopathie, l'homéopathie, le paramédical…
Trigone ou sextile : natif curieux de tout, soif de connaissance, réussite dans les études ou les formations qu'il entreprend, reconversion professionnelle possible, désir de stabilité sentimentale ou familiale.
Carré : colère, tensions, conflits, disputes, frustrations, sensation d'injustice, abandon, renoncement, capitulation ou sacrifice, et ce, quel que soit le domaine.
Quinconce : pour se libérer de la souffrance ou de ses problèmes, le sujet devra accepter de renoncer à une partie de sa vie ou à un équilibre qui lui est cher.

Chiron – Junon

Conjonction ou opposition : goût du beau, attrait pour le pouvoir et les hautes fonctions, besoin de construire une relation stable et équilibrée. Au négatif, la vie amoureuse peut être vécue comme un sacrifice ou une

épreuve. Métiers en lien avec la loi, l'administration, le négoce…
Trigone ou sextile : sujet attentif à l'autre ou aux autres, recherche d'une vie amoureuse posée et équilibrée, talents de négociateur ou de dirigeant, voire d'enseignant…
Carré : aspect source de querelles et de rivalités familiales ou professionnelles, tempérament rancunier et jaloux, désir de vengeance, vie sentimentale empreinte de tensions et de remises en question.
Quinconce : pour trouver sa voie ou son épanouissement, le sujet n'aura d'autres choix que de sacrifier ou de renoncer à quelque chose ou à une situation.

Chiron – Lune noire moyenne

Conjonction ou opposition : aspect intéressant qui donne au natif une grande curiosité d'esprit et une attirance, voire un talent (si le thème le confirme) pour les arts divinatoires, le paramédical ou le magnétisme. Sujet ayant la capacité à se dépasser, à penser autrement que le collectif, à se différencier. Grande lucidité d'esprit. Facilité à expliquer ou à transmettre. Tendance à désocculter ce qui est sombre et secret.
Trigone ou sextile : connaissance intuitive des êtres et des situations, bon flair, désir d'indépendance et de liberté, excellente perspicacité, esprit affûté…
Carré : sujet se laissant parfois totalement dépasser par ses émotions ou ses instincts. Tendance à se mettre en danger. Difficultés à faire des compromis.

Caractère impétueux et colérique. Aspect difficile pour la santé.
Quinconce : aspect karmique qui donne l'occasion au sujet de remettre les compteurs à zéro dans cette vie-ci.

Chiron – nœuds sud

Conjonction ou opposition : talents innés pour l'apprentissage ou la compréhension des situations même si manque de concentration. Sujet intuitif et curieux. Si le thème le confirme, faculté de voyance ou intérêt pour l'astrologie, la numérologie ou la divination… Possibilités de panser des blessures d'une autre vie.
Trigone ou sextile : capacité à prendre du recul et à analyser les situations, rapidité d'esprit, éveil des sens ou spiritualité.
Carré : sujet ayant tendance à se révolter contre les valeurs qu'il a reçues, son éducation ou ses racines. Refus de renouveler les erreurs de ses ancêtres.
Quinconce : aspect intéressant qui permet de se libérer de vieilles mémoires et de blocages en lien avec une vie antérieure.

Cérès – Junon

Conjonction ou opposition : désir d'équilibre, besoin de stabilité amoureuse ou familiale, bonne capacité d'intégration, besoin de se sentir utile…. Métiers pouvant être en lien avec la femme, le féminisme…
Trigone ou sextile : chance en amour comme dans

les associations, goût pour le beau ou la simplicité (selon le thème), bonne analyse des situations…
Carré : tensions familiales ou conjugales, refus de subir les relations qui n'offrent pas de satisfactions, besoin de rompre avec les habitudes et la routine. Parfois, divorce, garde alternée des enfants…
Quinconce : c'est en acceptant les situations ou en les regardant autrement que le natif évoluera.

Cérès – Lune noire moyenne

Conjonction ou opposition : tendance à refuser de subir les événements ou une relation qui n'apportent pas de satisfaction. Peut être annonciateur d'un divorce, du départ de la moitié, d'une infidélité…
Trigone ou sextile : bon esprit d'analyse ou de compréhension des situations, capacité à aller au fond des choses…
Carré : souvent, signe de colère, de tensions, de conflits, de révolte, de crises diverses qui viennent émailler la vie amoureuse ou sociale du natif.
Quinconce : le sujet va devoir accepter de renoncer à une condition de vie afin de trouver son équilibre.

Cérès – Nœuds lunaires

Conjonction, carré ou opposition : avec le **Nœud Sud**, ces aspects peuvent engendrer une sensation de manque, d'absence, un sentiment de tromperie. Conséquence, le natif peut avoir du mal à accorder sa confiance. Avec le **Nœud Nord**, bonne capacité d'acceptation, résilience…

Trigone, sextile ou quinconce : grand sens de la famille, sujet pouvant se rapprocher de sa mère à l'âge adulte, adaptabilité, besoin de trouver un bon équilibre de vie.

Junon – Lune noire moyenne

Conjonction, carré ou opposition : fort caractère, désir de se différencier ou de se faire remarquer, magnétisme et charisme, goût du pouvoir, recherche des responsabilités, besoin d'indépendance, grande autonomie… (Pour un homme, en conjonction : voyance.)
Trigone ou sextile : positif pour parvenir à atteindre un objectif ou pour consolider une position. Propice à l'élévation personnelle et professionnelle.
Quinconce : sujet devant renoncer à une situation ou un couple pour pouvoir gagner en autonomie ou en mieux vivre.

Junon – Nœuds lunaires

Conjonction ou opposition : avec le **Nœud Sud**, le natif va devoir gagner en humilité. Ainsi, doit-il apprendre à ne pas se prendre trop au sérieux et à mieux gérer ses comportements d'enfant gâté. Avec le **Nœud Nord**, au fil des années, le sujet gagnera en confiance en lui. C'est un bon indice d'évolution et de construction sociale.
Trigone ou sextile : aspect positif pour trouver l'équilibre amoureux, même tardivement, sujet sensible au beau et esthète, évolution graduelle, reconnaissance de sa valeur…

Carré : vie amoureuse sujette à de nombreuses crises. Natif pouvant entretenir des relations conflictuelles avec sa moitié, vie familiale et conjugale compliquée. Tendance à aller vers des histoires source de souffrance.
Quinconce : pour trouver son équilibre, le sujet va devoir mettre de côté sa jalousie ou travailler sur la position qu'il souhaite occuper en amour.

Lune noire moyenne – Nœuds lunaires

Conjonction : avec le **Nœud Sud**, libération karmique, remise à zéro des compteurs dans la vie présente, natif étant amené à emprunter un tout autre destin que le destin familial, possibilité d'exploiter un capital ou un potentiel passé avec brio. Avec le **Nœud Nord**, le sujet devra s'attendre à vivre des changements brutaux au cours de sa vie tout comme il pourra vivre des expériences extraordinaires qui chambouleront sa vision et son approche de l'existence.
Trigone, sextile ou quinconce : sujet ayant la capacité de tirer parti de tous ses atouts et du capital offert par son thème.
Carré : rupture brutale dans l'existence du natif, grosse remise en question, changement de vie entre 40 et 50 ans, fuite d'une situation compliquée ou qui n'apportait plus au sujet, tournant à 180°…

VII - EXEMPLES ET ANALYSE DE CARTES DU CIEL

Maintenant que vous avez une grande partie des outils pour comprendre et décrypter un thème astral, passons à la partie pratique. Vous trouverez ci-dessous quatre cartes du ciel différentes que nous allons analyser rapidement.

THÈME ASTRAL 1

Alexandra

Née le 25 août 1980 à 17 h 18, à Carcassonne.

À 41 ans, Alexandra dirige un cabinet d'architectes sur Paris depuis maintenant 15 ans. Côté sentimental, elle est divorcée depuis 10 ans et vit en concubinage depuis 5 ans avec son fils de 8 ans, son nouveau compagnon et la fille de ce dernier (12 ans). Ses parents sont également séparés mais ses relations avec eux se passent bien.

Thème astral d'Alexandra

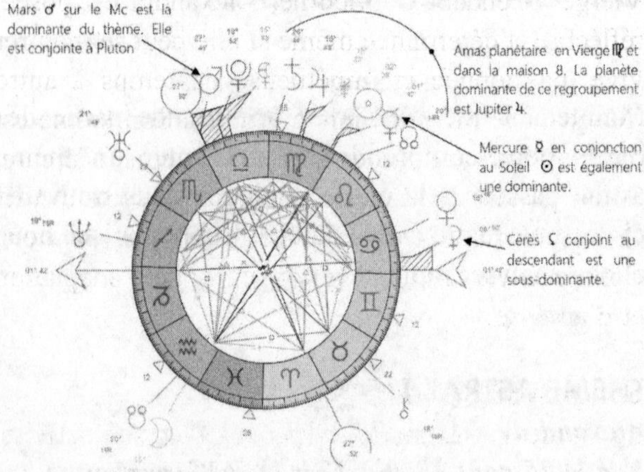

Tableau des positions et des aspects planétaires

	Planètes		Maisons		⊙	☽	☿	♀	♂	♃	♄	♅	♆	♇	⚷	⚳	☊	☋	⚸	MC	AS	⚶
⊙	02° 33' 20" ♍	I	01° 42' ♑	⊙		☍	☌		✱							✱				✱	△	
☽	25° 26' 22" ♒	II	12° 11' ♒	☽	☍		☍		△		⚻	□	✱	△	□		☍	☌		△		
☿	01° 41' 39" ♍	III	24° 48' ♓	☿	☌	☍			✱											✱	△	
♀	16° 46' 08" ♋	IV	27° 52' ♈	♀						✱		△		□	✱				□			✱
♂	27° 40' 12" ♌	V	22° 14' ♉	♂	✱	△	✱							☌						☌	✱	
♃	16° 42' 48" ♍	VI	12° 16' ♊	♃				✱					□		△							☌
♄	26° 44' 23" ♍	VII	01° 42' ♋	♄		⚻															□	
♅	21° 47' 41" ♏	VIII	12° 11' ♌	♅		□		△							☍		□	□				
♆	19° 54' 51" ♐ R	IX	24° 48' ♍	♆		✱				□				✱			△	✱	✱			□
♇	19° 52' 04" ♌	X	27° 52' ♌	♇		△		□	☌				✱		⚻		✱	△	☌	☌		
⚷	18° 16' 14" ♉ R	XI	22° 14' ♏	⚷		□		✱		△		☍		⚻			□	□				△
⚳	06° 50' 25" ♋	XII	12° 16' ♐	⚳	✱																☍	
☊	20° 14' ♌ R			☊		☍						□	△	✱	□				✱			
☋	20° 14' ♒ R			☋		☌						□	✱	△	□				△	△		
⚸	15° 58' ♌			⚸				□					✱	☌			✱	△				
MC	27° 52' ♌			MC	✱	△	✱		☌					☌				△			✱	
AS	01° 42' ♑			AS	△		△		✱		□					☍				✱		
⚶	15° 23' 03" ♍			⚶				✱		☌			□		△							

Son caractère

Vierge ascendant Capricorne, Alexandra est posée, réfléchie et déterminée même si elle peut se montrer vive, passionnée et impétueuse de temps à autre (Mars sur le Mc conjointe à Pluton). Son thème est fortement marqué par le signe de la Vierge (Mercure, Soleil, Junon, Jupiter et Saturne) et le secteur VIII (Nœud Nord, Mercure, Soleil, Junon et Jupiter). Conséquence, elle a une grande capacité d'adaptation et d'analyse.

Son travail

Le thème d'Alexandra est raccord avec son activité. Son rôle étant de transformer les lieux ou de les réorganiser, la forte influence de la maison VIII (détruire et reconstruire), de la Vierge (organiser) correspond bien à son métier.

Mars en Balance sur le Mc en conjonction à Pluton (symbole des entrepreneurs et des dirigeants) confirme qu'elle est dans la bonne voie.

La Lune (l'habitat, le lieu de vie) en Verseau (le renouveau) en maison II (le travail) corrobore également son orientation dans l'architecture.

Ses amours

Avec Cérès conjointe au descendant et la présence de Vénus dans ce même secteur, le tout en Cancer, Alexandra aspire à l'équilibre et à la stabilité amoureuse. La vie conjugale et familiale est même très importante pour elle.

Sa maison V (l'amour) commençant en Taureau et finissant en Gémeaux, de même que le secteur VII (l'autre, les unions) en Cancer – Lion indique bien que sa vie sentimentale est divisée en deux volets. La présence du carré entre Vénus et la Lune noire moyenne ainsi que Pluton représente bien la rupture qui a suivi sa première relation maritale. Vénus en trigone à Uranus et en sextile à Junon et Chiron correspond à sa seconde grande histoire qui a pris les traits d'un concubinage et de la recomposition d'une famille.

Sa famille

L'opposition Lune – Soleil et le carré Lune – Uranus, Chiron incarnent bien la problématique familiale qui s'est soldée par la séparation des parents d'Alexandra. Toutefois, si l'on regarde les planètes ou les points en relation avec le père (Soleil, Mc qui forme de beaux aspects), il semble qu'elle ait de beaux échanges avec son paternel.

Du côté des points astro en lien à la mère (Fc, Lune, Cérès), ils sont plus ou moins aspectés. On peut donc y voir des relations plus compliquées et un peu moins sereines.

THÈME ASTRAL 2

Loïc

Né le 13 mars 1986, à 17 h, à Londres (Royaume-Uni). À 35 ans, il est danseur-chorégraphe. Célibataire, depuis plusieurs années, il vit au rythme d'aventures. Le milieu familial de Loïc est très compliqué puisque son père est parti lorsqu'il avait 5 ans et que c'est sa mère qui l'a élevé. Proche de celle-ci, il n'a aucun lien avec son père.

Thème astral de Loïc

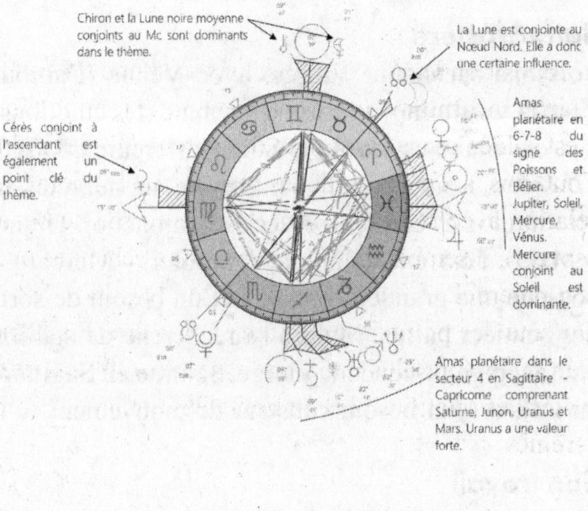

Tableau des positions et des aspects planétaires

	Planètes			Maisons			☉	☽	☿	♀	♂	♃	♄	♅	♆	♇	⚷	Ↄ	☊	☋	⚸	MC	AS	⯓
☉	22° 49' 22" ♓		I	13° 00' ♍		☉			☌		□			□									☍	□
☽	28° 27' 01" ♈		II	04° 41' ♎		☽					△			△	△	☍		△	☌	☍				
☿	28° 38' 15" ♓ R		III	02° 43' ♏		☿	☌			☌	□			□							⚹			
♀	05° 40' 34" ♈		IV	07° 39' ♐		♀			☌				△		□	⚻	⚹	⚻			⚹	⚹		
♂	22° 26' 03" ♐		V	15° 05' ♑		♂	□	△	□					☌										☌
♃	05° 00' 44" ♓		VI	17° 12' ♒		♃							□		⚹	△	□	☍	⚹	△	□	□	☍	
♄	09° 40' 37" ♐		VII	13° 00' ♓		♄				△		□					☍	□			☍	☍	□	☌
♅	22° 17' 22" ♐		VIII	04° 41' ♈		♅	□	△	□		☌													☌
♆	05° 38' 19" ♑		IX	02° 43' ♉		♆		△		□		⚹				⚹		△	△				△	
♇	07° 03' 19" ♏ R		X	07° 39' ♊		♇		☍		⚻		△			⚹			⚹	☍	☌		⚻	⚹	
⚷	09° 39' 32" ♊		XI	15° 05' ♋		⚷				⚹		□	☍					□			☌	☌	□	☍
Ↄ	05° 42' 07" ♍ R		XII	17° 12' ♌		Ↄ		△		⚻		☍	□		△	⚹	□				□	□	☌	
☊	00° 21' ♉ R					☊		☌				⚹			△	☍								
☋	00° 21' ♏ R					☋		☍				△				☌					⚻			
⚸	01° 41' ♊					⚸			⚹	⚹		□	☍				☌	□		⚻		☌		
MC	07° 39' ♊					MC				⚹		□	☍			⚻	☌	□			☌		□	☍
AS	13° 00' ♍					AS	☍					☍	□		△	⚹	□	☌				□		□
⯓	15° 21' 00" ♐					⯓	□				☌		☌	☌			☍					☍	□	

Son caractère

Poissons ascendant Vierge, avec Vénus (l'amour, l'art, la sensibilité) en carré à Neptune (les émotions), et trois planètes (Jupiter, Soleil, Mercure) dans le 12ᵉ signe, Loïc est un hypersensible, un nerveux, un être intuitif et cérébral. Avec la conjonction Uranus – Mars en carré à la conjonction Soleil – Mercure, il possède une grande originalité et un besoin de sortir des sentiers battus. Malgré sa recherche de stabilité et d'ancrage (ascendant Vierge, Saturne en Sagittaire en IV), il a un besoin constant de mouvement.

Son travail

Avec autant de planètes en VII en Poissons, en IV en Sagittaire, un Mc en Gémeaux et un Jupiter en maison VI, il semble évident que l'activité de Loïc passe par le mouvement ainsi que les actions dirigées et pensées. Les autres ont une place importante dans

le métier de celui-ci (le public, l'intégration d'une troupe = secteur VII).
La conjonction Soleil – Mercure – Vénus parle bien d'artistique, d'expression personnelle et corporelle ainsi que de créativité. La Lune noire moyenne conjointe au Mc en IX, en Gémeaux confirme qu'il empruntera une carrière qui sort de l'ordinaire et qui lui permettra de vivre des expériences étonnantes.
Jupiter en Poissons en VI (le travail) et la conjonction Uranus – Mars en IV, évoquent bien l'idée d'un parcours fait de déplacements et de voyages.
Son thème reflète bien son orientation.

Ses amours

Avec Vénus en Bélier en VIII, Loïc est un passionné-raisonné qui vit en fonction de ses envies. Il est indépendant, ce qui est confirmé par la conjonction Uranus – Mars en IV en Sagittaire et la conjonction de Saturne au Fc. Bien qu'il accorde une grande importance à sa vie amoureuse, il aime se sentir libre et ne s'encombre pas des obligations que comportent les relations. Si le trigone Vénus – Saturne laisse penser qu'il se stabilisera, il se peut que cela soit tardivement.

Sa famille

Les composantes de son thème évoquent une vie familiale difficile (Lune opposée Pluton, Fc conjoint à la suite planétaire Saturne, Junon, Uranus, Mars ; Saturne opposée à la Lune noire moyenne au carré

de Jupiter ainsi que le Soleil carré à la conjonction Uranus – Mars). Il y a ici une certaine idée de souffrance.
Avec une forte concentration en IV, une Lune en Bélier en trigone à Cérès, à Uranus – Mars et Neptune, ses relations avec sa mère semblent passionnelles et fortes.
À l'inverse, la Lune noire moyenne conjointe au Mc opposée à Saturne, le Soleil carré à Uranus – Mars mettent en avant l'absence du père et les manques qui vont avec. Il y a non seulement un rejet du père de la famille, mais également un refus de contact de la part de Loïc vis-à-vis de son père.

Maintenant que vous avez tous les éléments et les connaissances nécessaires pour comprendre un thème astral, c'est à vous de jouer.
Faites preuve d'un bon esprit de synthèse et regardez les cartes du ciel que vous étudierez en ayant une vision globale.